Klasse 3/4

Tobias & Nik Vonderlehr

Maßeinheiten umrechnen

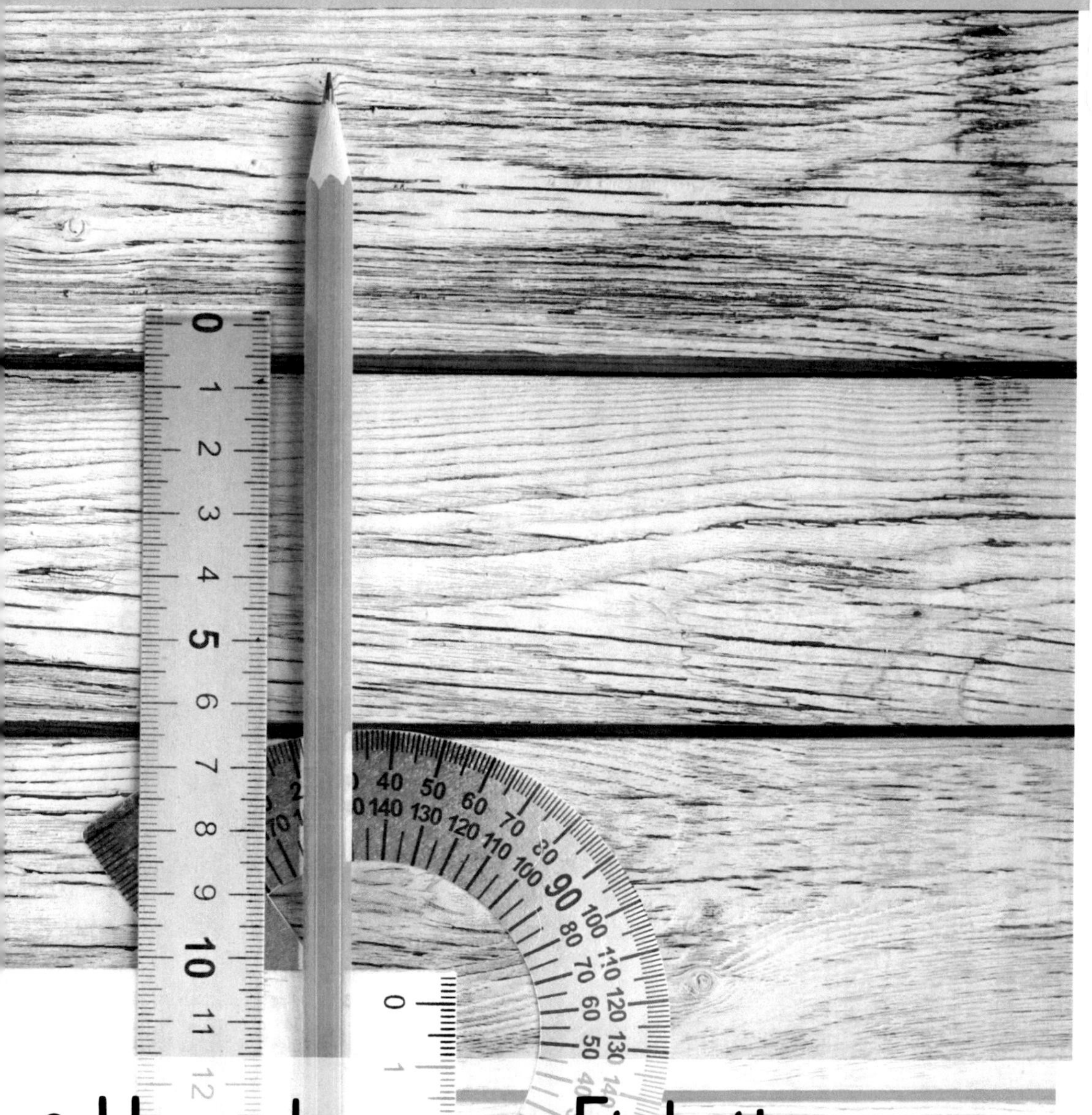

- Umrechnen von Einheiten wie Gewicht, Maß, Zeit ...
- Mit Textaufgaben

Maßeinheiten umrechnen

Umrechnen von Einheiten wie Gewicht, Maß, Zeit ...

12. Auflage 2026

Inhalt: Tobias & Nik Vonderlehr
Coverbilder: © Sergey Yarochkin & stockphoto-graf - AdobeStock.com
Redaktion: Kohl-Verlag
Grafik & Satz: Kohl-Verlag
Druck: Druckerei Flock, Köln

Bestell-Nr. 12 316

ISBN: 978-3-96040-489-7

Bildquellennachweis:
Seite 42-44 © stockphoto-graf - AdobeStock.com, alle weiteren Bilder © clipart.com

Kontakt: Kohl-Verlag, An der Brennerei 37-45, 50170 Kerpen
Tel: +49 2275 331610, Mail: info@kohlverlag.de

Unsere Lizenzmodelle

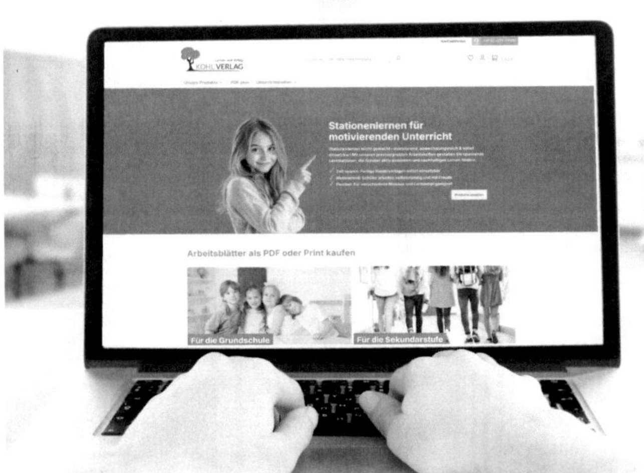

Der vorliegende Band ist eine Print-Einzellizenz

Sie wollen unsere Kopiervorlagen auch digital nutzen? Kein Problem – fast das gesamte KOHL-Sortiment ist auch sofort als PDF-Download erhältlich! Wir haben verschiedene Lizenzmodelle zur Auswahl:

	Print-Version	PDF-Einzellizenz	PDF-Schullizenz	Kombipaket Print & PDF-Einzellizenz	Kombipaket Print & PDF-Schullizenz
Unbefristete Nutzung der Materialien	x	x	x	x	x
Vervielfältigung, Weitergabe und Einsatz der Materialien im eigenen Unterricht	x	x	x	x	x
Nutzung der Materialien durch alle Lehrkräfte des Kollegiums an der lizensierten Schule			x		x
Einstellen des Materials im Intranet oder Schulserver der Institution			x		x

Die erweiterten Lizenzmodelle zu diesem Titel sind jederzeit im Online-Shop unter www.kohlverlag.de erhältlich.

Inhaltsverzeichnis

Methodisch-didaktische Hinweise

Sehr geehrte Kolleginnen und Kollegen,

dieses Werk zu dem Thema „Einheiten umrechnen – Jetzt kann ich's!" soll Ihnen Ihre alltägliche Arbeit im mathematischen Unterricht erleichtern. Dabei war es uns besonders wichtig, auf die leistungsschwächeren Schülerinnen und Schüler eines inhomogenen Klassenverbandes in den letzten Klassen der Primarstufe und den ersten Klassenstufen der Sekundarstufe zu achten.

Die Arbeitsblätter sind so konzipiert, dass zunächst ein Umrechnungsschema ausgeschnitten und erarbeitet werden kann. Dieses ermöglicht es Leistungsschwächeren, die Umrechnungsschritte bildhaft aufzunehmen. Auf diese Weise wird eine gemeinsame Grundlage zur Thematik geschaffen sowie der Erfolg im Erarbeiten der Materialien und der mathematischen Operationen erhöht.

Speziell langsamere Kinder werden dort abgeholt, wo sie in ihrem mathematischen Verständnis stehen. Die individuelle Stärkung der mathematischen Rechenkompetenz im Zusammenhang mit dem Thema Umrechnung von Einheiten und deren Unterschiedlichkeit der Darstellung ist das konzeptionelle Ziel der vorliegenden Lernmaterialien. Der Umgang mit den Systemen der Einheiten und die Transferleistung in größere und kleinere Einheiten sowie die Diversität der Darstellbarkeit sind Bestandteil dieses Werkes. Die Aufgabenblätter können achronologisch genutzt werden.

Ein weiterer Schwerpunkt dieses Werkes liegt in dem Angebot der Textaufgaben, die natürlich auf das Thema bezogen sind. Hierbei war es uns besonders wichtig, auf die Lebenswirklichkeit der Kinder zurückzugreifen, um so das Verständnis für die thematischen Inhalte zu fördern.

Tipp: Manchmal ist es auch ratsam und notwendig, in höheren Klassenstufen eine Wiederholung des Themas durchzuführen, um eine gemeinsame Grundlage für die Plani- (Flächeninhaltsberechnung) und Stereometrie (Rauminhaltsberechnung) zu schaffen.

Viel Vergnügen sowie einen spannenden und für die Ihnen anvertrauten Schülerinnen und Schüler förderlichen Unterrichtseinsatz bei der Verwendung dieser Unterrichtsmaterialien im Mathematik-Unterricht der Primar- und beginnenden Sekundarstufe wünscht Ihnen der Kohl-Verlag sowie die Autoren

Tobias & Nik Vonderlehr

Bastelbogen

Aufgabe 1:

Schneide alle Quadrate einzeln aus und lege sie dann zu passenden Reihen aneinander. Klebe sie dann so auf ein oder zwei DIN A4-Blätter. Du kannst die einzelnen Felder gerne passend anmalen.

		mm	cm
dm	m	km	mm^2
cm^2	dm^2	m^2	a
• 100 →  ← : 100	• 100 → 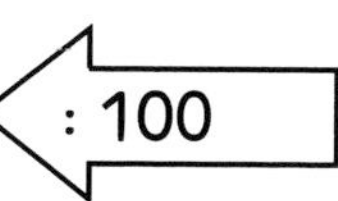 ← : 100	ha	km^2
• 1000 →  ← : 1000	• 10 → 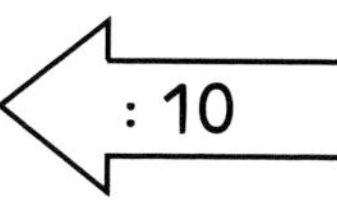 ← : 10	• 100 → ← : 100	• 100 → ← : 100
• 10 → 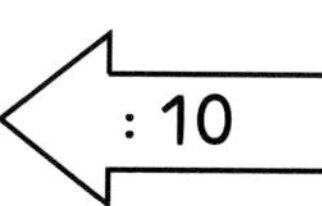 ← : 10	• 10 →  ← : 10	• 100 → ← : 100	• 100 → ← : 100

KOHL VERLAG
Maßeinheiten umrechnen
Umrechnen von Einheiten wie Gewicht, Maß, Zeit ... – Bestell-Nr. 12 316

Bastelbogen

	cm^3	ml	dm^3
l	m^3	hl	mg
g	kg	t	mm^3

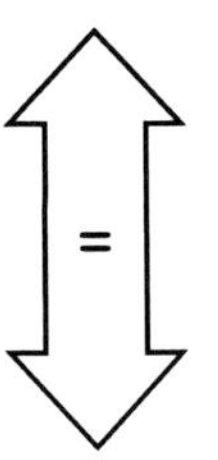

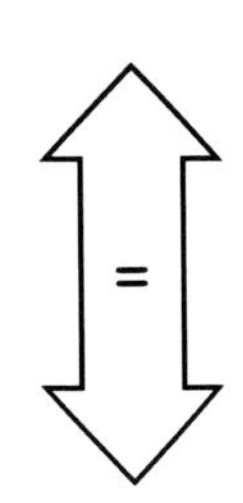

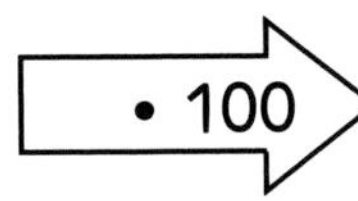

• 1000

• 1000
: 1000

• 1000
: 1000

• 1000
: 1000

• 1000
: 1000

• 1000
: 1000

• 1000
: 1000

• 10
: 10

Lernen mit Erfolg KOHL VERLAG Maßeinheiten umrechnen – Bestell-Nr. 12 316

Bastelbogen

s

min

h

Tag
d

Tag
d

Tag
d

Woche

Monat

Jahr
a

Jahr
a

Jahr
a

ct

• 12

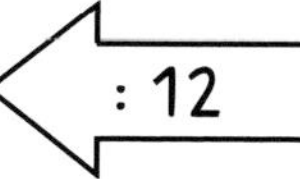

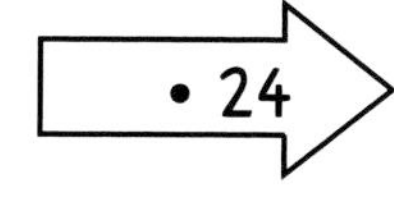

: 24

• 30,5

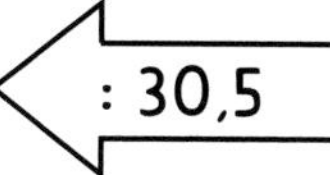

• 52

: 52

• 60

: 60

• 60

: 60

• 100

• 365

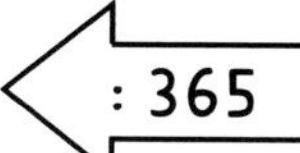

• 7

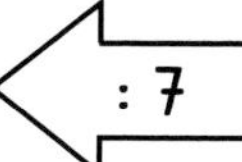

Längen – in nächstkleinere Einheit

Aufgabe 1: *Schreibe als mm.*

a) 2 cm; 8,1 cm; 10 cm

b) 16 cm; 40 cm; 1/2 cm

Aufgabe 2: *Schreibe als cm.*

2,53 m; 4,36 m; 5,08 m; 5,80 m; 14,70 m

Aufgabe 3: *Verbinde mit einer farbigen Linie, was zusammen gehört.*

4 km	12 m	2 cm	2,5 km	2,5 m	12 km	4 m
1200 cm	4000 m	2500 m	250 cm	12.000 m	400 cm	20 mm

Aufgabe 4: *Schreibe als m.*

a) 2,5 km; 6,4 km; 0,5 km; 1,8 km

b) 3,2 km; 7,5 km; 0,8 km; 1,2 km

Aufgabe 5: *Schreibe wie im Beispiel:*

Beispiel:

3,855 km = 3 km 855 m

a) 2,675 km; 3,148 km; 4,025 km

b) 4,37 m; 8,54 m; 12,03 m

c) 3,6 cm; 7,3 cm; 0,5 cm

Längen – in nächstgrößere Einheit

Aufgabe 1: *Wandle in m.*

248 cm	506 cm	185 cm	70 cm	140 cm	104 cm

Aufgabe 2: *Wandle in km.*

5643 m	3404 m	847 m	7790 m	2700 m	633 m

Aufgabe 3: *Wandle in cm.*

45 mm	24 mm	85 mm	5 mm	62 mm	87 mm

Aufgabe 4: *Wandle in dm.*

45 cm	83 cm	33 cm	74 cm	9 cm	21 cm

Aufgabe 5: *Wandle in die angegebene Einheit um.*

a) 9000 m = ... km
b) 720 cm = ... m
c) 47 dm = ... m
d) 96 mm = ... cm
e) 65 dm = ... m
f) 7451 m = ... km

KOHL VERLAG Maßeinheiten umrechnen Umrechnen von Einheiten wie Gewicht, Maß, Zeit ... – Bestell-Nr. 12 316

Längen – in kleinere Einheiten

Aufgabe 1: *Schreibe in der kleineren Einheit, dann setze ein: <,> oder =.*

a) 16 mm 1 cm; 5 cm 50 mm
b) 401 mm 41 cm; 2,65 m 265 cm
c) 306 cm 3,60 m; 1,02 m 120 cm
d) 4 dm 40 cm; 28 cm 2 dm

Aufgabe 2: *Schreibe in der kleinsten Einheit und ordne dann nach der Größe.*

a) 2,64 m; 26,7 dm; 246 cm
b) 3,85 m; 35,8 dm; 380 cm
c) 437 cm; 4,73 m; 47,5 dm
d) 18,2 dm; 126 cm; 1,67 m
e) 267 mm; 27,6 cm; 3 dm
f) 53,1 cm; 513 mm; 1 dm

Aufgabe 3: *Berechne in der kleinsten Einheit.*

a) 1,86 m + 205 cm + 45 mm
b) 75 km + 345 cm + 5,32 m
c) 8 m + 12 mm + 2 dm
d) 3 mm + 34 cm + 1 dm + 2,5 m

e) 7 km – 432 m
f) 84 m – 231 cm
g) 5 dm – 3 cm
h) 52 mm – 2 cm

Aufgabe 4: *Wandle in dieselbe Maßeinheit um und rechne schriftlich.*

a) 5 m 67 cm + 13,90 m + 98 dm
b) 21,08 m + 309 cm + 780 mm

KOHL VERLAG Maßeinheiten umrechnen – Bestell-Nr. 12 316

Längen – in größere Einheiten

Aufgabe 1: *Wie viele Meter und Zentimeter sind es?*

140 cm = ______________________

321 cm = ______________________

185 cm = ______________________

276 cm = ______________________

107 cm = ______________________

282 cm = ______________________

Aufgabe 2: *Gib in m an und ordne der Größe nach.*

55 cm 4 dm 121 cm 4 m 12 cm 50 mm

____

____

Aufgabe 3: *Schreibe in der größeren Einheit, dann rechne.*

a) 18,35 m + 47 cm
b) 7,139 km + 473 m
c) 54,4 cm + 87 mm
d) 3,6 cm + 58 mm
e) 7,4 dm + 48 cm

f) 6,8 dm – 23 cm
g) 2,74 m – 97 cm
h) 5,627 km – 428 m
i) 2,235 km – 647 m
j) 3,5 dm – 17 cm

KOHL VERLAG Maßeinheiten umrechnen
Umrechnen von Einheiten wie Gewicht, Maß, Zeit ... – Bestell-Nr. 12 316

Längen – Achte auf die Schreibweise!

Aufgabe 1: *Schreibe wie im Beispiel.*

Beispiel:

5,357 km = 5 km 357 m = 5357 m

a) 2,345 km; 3,612 km; 4,498 km

b) 7,363 km; 63,36 km; 9,300 km

Aufgabe 2: *Schreibe wie im Beispiel.*

Beispiel:

6,36 m = 6 m 36 cm = 636 cm

a) 3,75 m; 6,32 m; 8,49 m

b) 7,80 m; 2,04 m; 32,84 m

Aufgabe 3: *Schreibe wie im Beispiel.*

Beispiel:

6,3 dm = 6 dm 3 cm = 63 cm

a) 5,7 dm; 3,5 dm; 8,6 dm

b) 4,70 dm; 0,3 dm; 19,4 dm

Aufgabe 4: *Schreibe wie im Beispiel.*

Beispiel:

357 cm = 3 m 57 cm = 3,57 m

a) 465 cm; 246 cm; 826 cm

b) 370 cm; 664 cm; 285 cm

Aufgabe 5: *Für Profis! Schreibe anders:* a) 1/2 m b) 1/4 m

Lernen mit Erfolg KOHL VERLAG Maßeinheiten umrechnen – Bestell-Nr. 12 316

Längen - Textaufgaben

Aufgabe 1: Weitsprung

Im Sportunterricht gibt es einen Weitsprung-Wettbewerb. Das Team, das insgesamt am weitesten springt, gewinnt.

Wandle in geeignete Maßeinheiten um und rechne schriftlich.

Team 1:	1 m 50 cm	**Team 2:**	227 cm
	2,21 m		1 m 6 dm
	19 dm		2,28 m
Team 3:	19 dm 7 cm	**Team 4:**	2 m 14 cm
	1,73 m		12 dm 5 cm
	275 cm		305 cm

Aufgabe 2: Weitwurf

Bei den Bundesjugendspielen schaffen die folgenden Schülerinnen und Schüler die angegebenen Wurfweiten.

Ordne sie der Weite nach und beginne mit dem weitesten Wurf.

Pia:	14,70 m	**Alex:**	110 dm	**Luisa:**	0,022 km
Max:	700 cm	**Klara:**	45 dm	**Anika:**	1000 cm
Ira:	17 m 2 dm	**Andi:**	0,027 km	**Anja:**	880 cm

KOHL VERLAG Maßeinheiten umrechnen
Umrechnen von Einheiten wie Gewicht, Maß, Zeit ... - Bestell-Nr. 12 316

Längen – vermischte Übungen

Aufgabe 1: *Überprüfe die Längenumwandlungen.*
Es haben sich 10 Fehler eingeschlichen! Streiche die falschen Angaben durch und schreibe die richtigen dahinter!

a) 8,74 dm = 874 mm ______________________

b) 8,009 km = 80.009 m ______________________

c) 9,5 cm = 95 dm ______________________

d) 85 cm = 0,85 m ______________________

e) 500 m = 0,05 km ______________________

f) 8 km 420 m = 8,42 km ______________________

g) 13 km 6 m = 13,006 km ______________________

h) 68 mm = 6,8 dm ______________________

i) 5 cm = 0,05 dm ______________________

j) 0,3 km = 0 km 300 m ______________________

k) 8 m 5 dm = 850 cm ______________________

l) 8,7 dm = 8 dm 70 cm ______________________

m) 15 dm 6 mm = 150,6 cm ______________________

n) 0,08 dm = 80 mm ______________________

o) 873 mm = 87,3 dm ______________________

p) 809 cm = 8,09 m ______________________

q) 3,6 cm = 3 cm 6 mm ______________________

r) 7 dm 2 cm = 7,2 m ______________________

s) 8,83 m = 88 dm 3 cm ______________________

t) 5 cm = 50 dm ______________________

KOHL VERLAG Maßeinheiten umrechnen – Bestell-Nr. 12 316

Flächen – in nächstkleinere Einheit

Aufgabe 1: *Gib in der kleineren Einheit an:*

<u>Beispiel</u>:

4 a 67 m² = 467 m²

6 m² 8 dm² = 608 dm²

a) 9 a 45 m² b) 5 ha 19 a c) 8 km² 74 ha

d) 45 cm² 98 mm² e) 7 m² 38 dm² f) 3 dm² 9 cm²

g) 12 ha 93 a h) 8 km² 6 ha i) 7 ha 32 a

Aufgabe 2: *Vervollständige die Tabelle.* 

km		ha		a		m		dm		cm		mm		Schreibweisen
Z	E	Z	E	Z	E	Z	E	Z	E	Z	E	Z	E	
					4	2	3							4 a 23 m² = 423 m²
			6		9									6 ha 9 a = 609 a
						8	2		1					
											7	2	5	
							9	1						
														3 km² 2 ha =
									5		8			
														3 ha 72 a =
														= 234 cm²
1	6				4									
							3			1	5			
														56 a 78 m² =

Maßeinheiten umrechnen
Umrechnen von Einheiten wie Gewicht, Maß, Zeit ... – Bestell-Nr. 12 316
KOHL VERLAG

Flächen – in nächstgrößere Einheit

Aufgabe 1: *Schreibe in cm^2. Das Beispiel hilft dir!*

> Beispiel:
>
> 657 mm^2 = 6 cm^2 57 mm^2 = 6,57 cm^2

a) 534 mm^2; 736 mm^2; 464 mm^2

b) 324 mm^2; 853 mm^2; 306 mm^2

Aufgabe 2: *Schreibe in dm^2. Beachte das Beispiel!*

> Beispiel:
>
> 168 cm^2 = 1 dm^2 68 cm^2 = 1,68 dm^2

a) 736 cm^2; 462 cm^2; 987 cm^2

b) 905 cm^2; 820 cm^2; 384 cm^2

Aufgabe 3: *Schreibe in m^2. Hilfestellung gibt dir das Beispiel!*

> Beispiel:
>
> 873 dm^2 = 8 m^2 73 dm^2 = 8,73 m^2

a) 876 dm^2; 468 dm^2; 928 dm^2

b) 245 dm^2; 370 dm^2; 246 dm^2

Aufgabe 4: *Schreibe in a. Das Beispiel hilft dir!*

> Beispiel:
>
> 246 m^2 = 2 a 46 m^2 = 2,46 a

a) 865 m^2; 488 m^2; 904 m^2

b) 250 m^2; 535 m^2; 921 m^2

Aufgabe 5: *Schreibe in ha. Das Beispiel hilft dir!*

> Beispiel:
>
> 987 a = 9 ha 87 a = 9,87 ha

a) 367 a; 583 a; 344 a

b) 580 a; 546 a; 929 a

Aufgabe 6: *Schreibe in km^2. Auch hier bekommst du Hilfe!*

> Beispiel:
>
> 357 ha = 3 km^2 57 ha = 3,57 km^2

a) 345 ha; 744 ha; 952 ha

b) 225 ha; 708 ha; 120 ha

Maßeinheiten umrechnen

Flächen – in kleinere Einheiten

Aufgabe 1: *Schreibe in der kleineren Einheit, dann setze ein: < , > oder = .*

a) 0,06 a   6 cm^2;   945 m^2 9,78 a

b) 453 mm^2 4,53 cm^2;   8,42 ha   842 dm^2

c) 7,2 km^2 72 ha;   6,5 a   650 m^2

d) 33 m^2 0,33 a;   76,6 cm^2 7660 mm^2

Aufgabe 2: *Schreibe in der kleinsten Einheit und ordne dann nach der Größe.*

a) 8,23 a;   45,6 m^2;   0,36 a

b) 8,53 ha;   736 a;   4,9 ha

c) 379 mm^2;   7,26 cm^2;   84,9 cm^2

Aufgabe 3: *Berechne in der kleinsten Einheit.*

a) 6,25 km^2 + 46 ha

b) 8,36 km^2 + 36 ha

c) 8,36 ha + 74 a

d) 9,26 ha + 36 a

e) 4,93 m^2 – 84 dm^2

f) 4,44 m^2 – 24 dm^2

g) 9,25 dm^2 – 46 cm^2

h) 3,44 dm^2 – 21 cm^2

Aufgabe 4: *Wandle in dieselbe Maßeinheit um und rechne schriftlich.*

a) 5 m^2 + 354 dm^2

b) 8 ha + 476 a + 546 m^2

KOHL VERLAG Maßeinheiten umrechnen – Umrechnen von Einheiten wie Gewicht, Maß, Zeit ... – Bestell-Nr. 12 316

Flächen – in größere Einheiten

Aufgabe 1: *Wandle um in dm^2.*

a) $40.000\ mm^2$; $80.000\ mm^2$; $23.000\ mm^2$
b) $56.000\ mm^2$; $59.300\ mm^2$; $47.400\ mm^2$

Aufgabe 2: *Wandle um in dm^2.*

a) $700\ cm^2$; $200\ cm^2$; $600\ cm^2$
b) $980\ cm^2$; $670\ cm^2$; $853\ cm^2$

Aufgabe 3: *Schreibe in a.*

a) $30.000\ dm^2$; $60.000\ dm^2$; $10.000\ dm^2$
b) $67.000\ dm^2$; $45.000\ dm^2$; $24.500\ dm^2$

Aufgabe 4: *Schreibe in a.*

a) $400\ m^2$; $340\ m^2$; $500\ m^2$
b) $960\ m^2$; $350\ m^2$; $678\ m^2$

Aufgabe 5: *Schreibe in km^2.*

a) 20.000 a; 70.000 a; 67.000 a
b) 34.500 a; 78.000 a; 38.500 a

Aufgabe 6: *Schreibe in km^2.*

a) 300 ha; 350 ha b) 345 ha; 940 ha c) 230 ha; 937 ha

KOHL VERLAG Maßeinheiten umrechnen – Bestell-Nr. 12 316

Flächen – Achte auf die Schreibweise!

Aufgabe 1: *Schreibe in a und ha. Das Beispiel hilft dir.*

Beispiel:
14.500 m^2 = 145 a = 1,45 ha

a) 17.200 m^2
53.600 m^2
34.100 m^2

b) 75.300 m^2
75.630 m^2
80.000 m^2

Aufgabe 2: *Schreibe in dm^2 und m^2. Beachte das Beispiel.*

Beispiel:
23.500 cm^2 = 235 dm^2 = 2,35 m^2

a) 60.000 cm^2
56.000 cm^2
24.600 cm^2

b) 64.200 cm^2
98.420 cm^2
6.700 cm^2

Aufgabe 3: *Schreibe in cm^2 und dm^2 wie im Beispiel.*

Beispiel:
34.400 mm^2 = 344 cm^2 = 3,44 dm^2

a) 85.000 mm^2
35.600 mm^2
27.000 mm^2

b) 56.200 mm^2
7.340 mm^2
67.230 mm^2

Aufgabe 4: *Schreibe in ha und km^2. Beachte das Beispiel.*

Beispiel:
14.500 a = 145 ha = 1,45 km^2

a) 38.300 a; 59.000 a; 48.900 a

b) 35.040 a; 8740 a; 77.400 a

Aufgabe 5: *Wandle in alle übrigen Flächeneinheiten um.*

a) 600.000.000.000.000 mm^2

b) 3 km^2

KOHL VERLAG
Maßeinheiten umrechnen
Umrechnen von Einheiten wie Gewicht, Maß, Zeit ... – Bestell-Nr. 12 316

Flächen – Textaufgaben

Berechne im Heft.

Aufgabe 1: Das Blumencenter „Vergissmeinnicht" hat zwei Gebäude mit 7400 m^2 und 6350 m^2 Verkaufsfläche und einer Freilandverkaufsfläche von 9350 m^2.
Der Werbeslogan zur Eröffnung heißt: „Alles fit für den Garten auf mehr als 3 ha Fläche."

Hat das Blumencenter wirklich diese Größe?

Aufgabe 2: Ein Ferienhaus soll einen neuen Anstrich bekommen. Die vordere Seite und auch die Rückseite haben jeweils eine Fläche von 25,6 m^2. Die beiden Seitenflächen sind insgesamt 59 m^2 groß. Außerdem besitzt das Haus eine 3 m^2 große Tür und seine Fensterfläche beträgt 28 m^2.

Wie viele m^2 müssen neu gestrichen werden?

Aufgabe 3: Bauer Hugo hat einen Landbesitz von 46 ha 20 a.
Davon sind 20 ha Ackerfläche, 18 ha 8 a sind Waldfläche und der Rest ist Wiesenfläche.

Wie groß ist die Fläche seiner Wiesen?

Aufgabe 4: Familie Albert sucht eine neue Wohnung. Sie soll mehr als 115 m^2 haben.
Die Familie findet dieses Angebot in der Zeitung:

Wohnung zu vermieten!

Schlafzimmer 15,2 m^2	Wohnzimmer 30,4 m^2
1. Kinderzimmer 16,5 m^2	2. Kinderzimmer 19,3 m^2
Küche 17, 2 m^2	Bad 12,9 m^2
Flur 10,1 m^2	

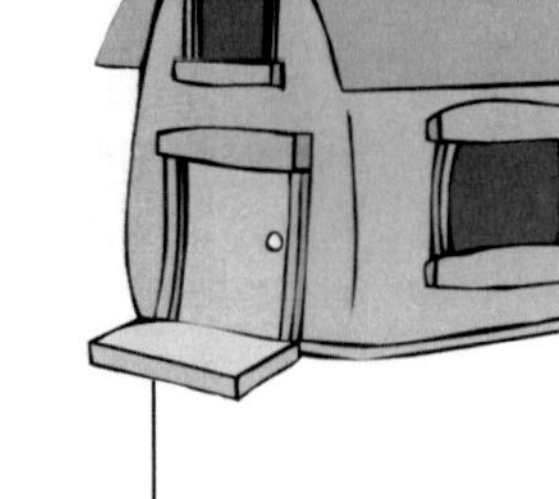

Wäre diese Wohnung etwas für Familie Albert?

Flächen – vermischte Übungen

Wandle jeweils in die andere Einheit um.

Aufgabe 1:

6 km²	________________	m²
270 cm²	________________	m²
1,5 a	________________	dm²
0,35 km²	________________	ha

Aufgabe 2:

0,032 dm²	________________	a
129 ha	________________	km²
62,5 dm²	________________	mm²
125 mm²	________________	cm²

Aufgabe 3:

1084 m²	________________	km²
0,0043 ha	________________	m²
0,4 m²	________________	mm²
23,901 dm²	________________	ha

KOHL VERLAG Maßeinheiten umrechnen
Umrechnen von Einheiten wie Gewicht, Maß, Zeit ... – Bestell-Nr. 12 316

Rauminhalte/Volumina – in nächstkleinere Einheit

Aufgabe 1: *Wandle um in dm³.*

a) 6 m³; 0,634 m³; 0,268 m³

b) 3,5 m³; 4,05 m³; 8,209 m³

Aufgabe 2: *Wandle um cm³.*

a) 8 dm³; 9,456 dm³; 4,709 dm³

b) 5,4 dm³; 7,93 dm³; 5,702 dm³

Aufgabe 3: *Wandle um in mm³.*

a) 4 cm³; 0,785 cm³; 5,925 cm³

b) 7,4 cm³; 9,23 cm³; 8,604 cm³

Aufgabe 4: *Wandle um in Kubikdezimeter (dm³) oder Liter (l).*

a) 5 dm³; 9 dm³; 3,5 dm³

b) 7 l; 3 l; 7,9 l

Aufgabe 5: *Wandle um in Hektoliter (hl).*

a) 5 l; 9 l; 5,4 dm³

b) 4,5 l; 5,8 dm³; 0,345 l

Aufgabe 6: *Wie viel Milliliter (ml) sind es?*

a) 5 l = ___________ ml;

b) 4 l = ___________ ml

Rauminhalte / Volumina – in nächstgrößere Einheit

Aufgabe 1: *Wandle in die nächstgrößere Volumeneinheit um:*

a) 4000 cm^3 ____________________

b) 3700 mm^3 ____________________

c) 7800 ml ____________________

d) 5600 dm^3 ____________________

e) 2345 cm^3 ____________________

f) 8640 mm^3 ____________________

g) 7300 ml ____________________

h) 235 dm^3 ____________________

i) 7301 mm^3 ____________________

j) 6348 mm^3 ____________________

k) 246 cm^3 ____________________

l) 9030 dm^3 ____________________

m) 36 mm^3 ____________________

n) 9000 dm^3 ____________________

o) 2478 l ____________________

p) 9045 cm^3 ____________________

q) 75.380 mm^3 ____________________

r) 10.700 dm^3 ____________________

s) 8940 cm^3 ____________________

t) 4900 dm^3 ____________________

u) 2893 mm^3 ____________________

v) 350 l ____________________

w) 3034 dm^3 ____________________

Rauminhalte / Volumina – in kleinere Einheiten

Aufgabe 1: *Ergänze die Tabellen.*

m	dm	cm	mm
6			
2200			
2000			
865			
3			
10			
8			

dm	cm	mm
6000		
2500		
35		
5		
87		
6		
469		

cm	mm
6510	
489	
86	
2	
10	
985	
4500	

Rauminhalte / Volumina – in größere Einheiten

Aufgabe 1: *Ergänze die Tabellen.*

m	dm	cm	mm
			3.000.000.000
			10.000.000.000
			258.000.000.000
			560.000.000
			6.000.000.000
			36.000.000.000
			5.642.000.222

m	dm	cm	mm
			7.000.000.000
			35.000.000.000
			672.000.000.000
			34.000.000
			4.000.000.000
			84.000.000.000
			4.743.000.570

m	dm	cm	mm
			8.000.000.000
			96.000.000.000
			375.000.000.000
			941.000.000
			6.000.000.000
			30.000.000.000
			7.108.085.951

KOHL VERLAG
Maßeinheiten umrechnen
Umrechnen von Einheiten wie Gewicht, Maß, Zeit ... – Bestell-Nr. 12 316

Rauminhalte/Volumina – Achte auf die Schreibweise!

Aufgabe 1: *Schreibe in 2 Maßeinheiten.*

5354 dm³	=	________	m³	________	dm³
3612 ml	=	________	l	________	ml
51.478 cm³	=	________	l	________	ml
8205 cm³	=	________	l	________	ml
13.280 mm³	=	________	cm³	________	mm³
1744 dm³	=	________	m³	________	dm³
6212 ml	=	________	l	________	ml
38.378 cm³	=	________	l	________	ml
6255 cm³	=	________	l	________	ml
23.073 mm³	=	________	cm³	________	mm³
3465 dm³	=	________	m³	________	dm³
9053 ml	=	________	l	________	ml
67.213 cm³	=	________	l	________	ml
2861 cm³	=	________	l	________	ml
61.235 mm³	=	________	cm³	________	mm³

Rauminhalte/Volumina – Textaufgaben

Aufgabe 1: In einem Labor stehen drei Reagenzgläser mit einer blauen Säure auf dem Tisch. Im ersten sind 180 ml, im zweiten 145 ml und im dritten 0,053 l. Die Flüssigkeit muss so verteilt werden, dass in jedem Glas gleich viel davon ist.

Wie viele Milliliter muss man den ersten beiden Gläsern entnehmen und in das dritte Reagenzglas geben?

Aufgabe 2: Ein neues 50-Meter-Becken im städtischen Schwimmbad soll durch ein Rohr mit Wasser gefüllt werden. Es liefert in einer halben Stunde 2500 l. Insgesamt gehen 3,75 Millionen Liter Wasser hinein.

Wie lange muss das Wasser laufen, bis das Becken gefüllt ist?

Rauminhalte / Volumina – vermischte Übungen

Aufgabe 1: *Berechne.*

a) 5 m^3 + 851 dm^3 = ________ cm^3	f) 874 dm^3 + 1 cm^3 = ________ m^3
b) 23 m^3 + 217 dm^3 = ________ cm^3	g) 863 dm^3 + 26 cm^3 = ________ m^3
c) 74 m^3 + 21 dm^3 = ________ cm^3	h) 226 dm^3 + 63 cm^3 = ________ m^3
d) 817 m^3 + 76 dm^3 = ________ cm^3	i) 126 dm^3 + 948 cm^3 = ________ m^3
e) 0,32 m^3 + 0,068 dm^3 = ________ cm^3	j) 32 dm^3 + 0,1 cm^3 = ________ m^3

Aufgabe 2: *Rechne folgende Aufgaben.*

a) 5 m^3 + 598 dm^3 = ________ ml	f) 130 m^3 + 6 ml = ________ m^3
b) 25 dm^3 + 836 cm^3 = ________ mm^3	g) 773 ml + 45 mm^3 = ________ m^3
c) 60 ml + 50 cm^3 = ________ mm^3	h) 510 dm^3 + 64 cm^3 = ________ m^3
d) 155 m^3 + 42 dm^3 = ________ ml	i) 85 cm^3 + 829 mm^3 = ________ ml
e) 820 hl + 0,365 dm^3 = ________ ml	j) 882 ml + 0,4 mm^3 = ________ m^3

Aufgabe 3: *Rechne und notiere das Ergebnis.*

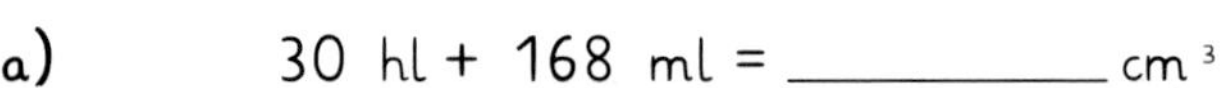

a) 30 hl + 168 ml = ________ cm^3	f) 22 dm^3 + 4 mm^3 = ________ m^3
b) 17 m^3 + 124 dm^3 = ________ cm^3	g) 472 ml + 20 mm^3 = ________ m^3
c) 81 ml + 31 cm^3 = ________ mm^3	h) 86 dm^3 + 66 cm^3 = ________ m^3
d) 9 hl + 35 m^3 = ________ dm^3	i) 0,259 cm^3 + 256 ml = ________ m^3
e) 0,81 m^3 + 0,988 dm^3 = ________ cm^3	j) 494 dm^3 + 0,2 cm^3 = ________ m^3

KOHL VERLAG Maßeinheiten umrechnen – Umrechnen von Einheiten wie Gewicht, Maß, Zeit – Bestell-Nr. 12 316

Gewichte – in nächstkleinere Einheit

Aufgabe 1: *Ergänze die Tabellen.*

t	kg	g	mg
6		4	
3		9	
50		43	
32		85	
973		4,9	
80,5		74	
7		634	
7,5		0,6	

kg	g
4	
9	
43	
85	
4,9	
74	
634	
0,6	

t	kg	g	mg
4		4,4	
9		2	
37		63	
78		26	
367		9,5	
36,5		7,4	
7		573	
7,9		4,76	

KOHL VERLAG
Maßeinheiten umrechnen
Umrechnen von Einheiten wie Gewicht, Maß, Zeit ... – Bestell-Nr. 12 316

Gewichte – in nächstgrößere Einheit

Aufgabe 1: *Ergänze die Tabellen.*

t	kg	g	mg
	5000		7000
	1000		3000
	2500		12.000
	85.000		65.000
	345.000		7700
	6450		6300
	6000		923.000
	9200		56.000

kg	g
	2000
	9000
	4300
	65.000
	49.000
	2300
	37.100
	2600

g	mg
	2500
	3000
	45.000
	35.400
	5478
	2350
	3200
	245

Maßeinheiten umrechnen

Gewichte – in kleinere Einheiten

Aufgabe 1: *Färbe jeweils zwei zusammengehörende Kästchen mit gleicher Farbe.*

5 t

5000 mg

5000 g

50 kg

500 t

500.000.000 g

5000 kg

50.000.000 mg

5 g

5000 t

5 kg

5000.000.000.000 mg

KOHL VERLAG Maßeinheiten umrechnen
Umrechnen von Einheiten wie Gewicht, Maß, Zeit ... – Bestell-Nr. 12 316

Gewichte – in größere Einheiten

Aufgabe 1: *Färbe jeweils zwei zusammengehörende Kästchen mit gleicher Farbe.*

7 t

7000 mg

7000 g

70 kg

700 t

700.000.000 g

7000 kg

70.000.000 mg

7 g

7000 t

7 kg

7000.000.000.000 mg

Lernen mit Erfolg KOHL VERLAG Maßeinheiten umrechnen

Gewichte – Achte auf die Schreibweise!

Aufgabe 1: *Schreibe auf verschiedene Weise.*

2 kg 500 g		
	5600 g	
		8,753 kg
	10.200 mg	
9 t 340 kg		
		3,642 g
	7850 kg	
62 t 4 kg		
		9,75 mg

Aufgabe 2: *Nur drei Kästchen passen zusammen. Färbe diese.*

12 t 600 kg

12.600.000 g

12.000.600 kg

12.006 t

12.600.000 mg

12.006.000 mg

12.060 mg

12.600.000 t

12.600 kg

KOHL VERLAG Maßeinheiten umrechnen
Umrechnen von Einheiten wie Gewicht, Maß, Zeit ... – Bestell-Nr. 12 316

Gewichte – Textaufgaben

Aufgabe 1: Eine Seilbahnkabine darf maximal 0,650 t transportieren. Pro Person wird mit 80.000 g gerechnet. Es sind bereits drei Personen eingestiegen.

Wie viele dürfen noch einsteigen?

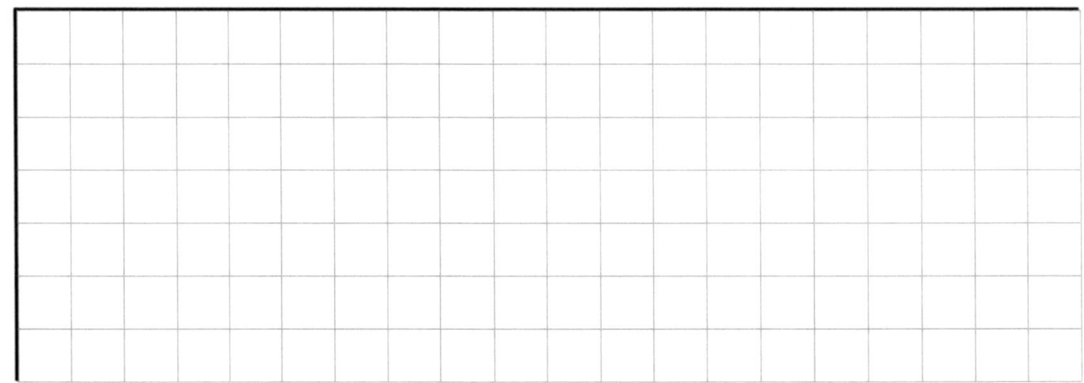

Aufgabe 2: Ein Transportflugzeug kann maximal 25.000.000.000 mg Fracht transportieren. Der Zoo in Frankfurt soll zwei Nilpferde und sechs Gorillas erhalten. Die Nilpferde „Hamsa" und „Hilla" haben eine Masse von je 1,7 t. Bei den Gorillas zeigt die Waage 300.000 g an.

Dürfen alle Tiere gleichzeitig mit dem Flugzeug nach Frankfurt fliegen? Begründe.

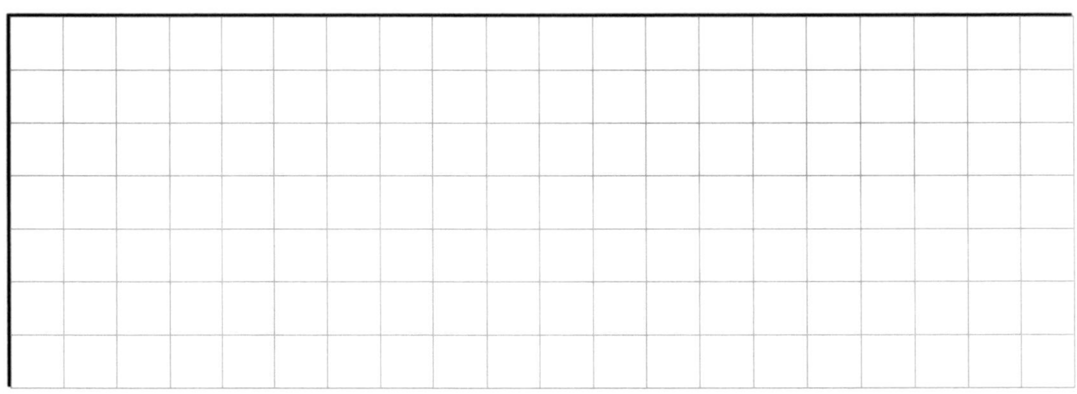

Aufgabe 3: Ein beladener LKW möchte über eine Brücke fahren. Ein Schild zeigt an, dass Fahrzeuge mit maximal 9 t Gewicht die Brücke nutzen dürfen. Der Fahrer weiß, dass sein LKW leer 7500 kg wiegt. Er hat 100 Zementsäcke mit je 50.000.000 mg geladen.

Wie viele Säcke muss er wieder abladen, damit er die Brücke benutzen darf?

Gewichte – vermischte Übungen

Aufgabe 1: *Berechne.*

a)	2 t + 492 kg =	________	g	f)	745 kg + 9 g =	________	t
b)	33 t + 710 kg =	________	mg	g)	668 kg + 40 mg =	________	t
c)	72 t + 39 kg =	________	mg	h)	559 g + 84 mg =	________	kg
d)	553 t + 50 kg =	________	g	i)	968 kg + 143 mg =	________	t
e)	0,095 t + 0,87 kg =	________	g	j)	502 g + 453 mg =	________	kg

Aufgabe 2: *Rechne und notiere das Ergebnis.*

a)	8 t + 252 g =	________	mg	f)	457 kg + 9 g =	________	t
b)	42 t + 933 kg =	________	g	g)	932 kg + 12 mg =	________	t
c)	51 t + 30 kg =	________	g	h)	572 g + 97 mg =	________	t
d)	227 kg + 60 g =	________	mg	i)	101 g + 539 mg =	________	kg
e)	0,017 kg + 0,22 g =	________	mg	j)	410 kg + 929 mg =	________	t

Aufgabe 3: *Löse die folgenden Aufgaben.*

a)	7 t + 961 kg =	________	g	f)	920 kg + 6 mg =	________	t
b)	48 t + 508 g =	________	mg	g)	727 g + 12 mg =	________	kg
c)	74 kg + 20 g =	________	mg	h)	928 g + 56 mg =	________	kg
d)	855 t + 41 g =	________	mg	i)	185 kg + 806 g =	________	t
e)	0,047 t + 0,2 g =	________	mg	j)	553 g + 36 mg =	________	t

KOHL VERLAG Maßeinheiten umrechnen
Umrechnen von Einheiten wie Gewicht, Maß, Zeit ... – Bestell-Nr. 12 316

Zeit – in nächstkleinere Einheit

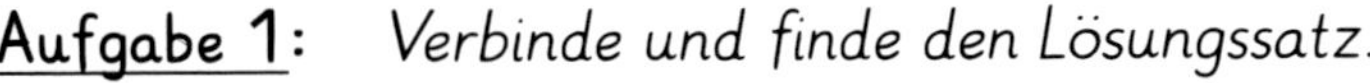

Aufgabe 1: *Verbinde und finde den Lösungssatz.*

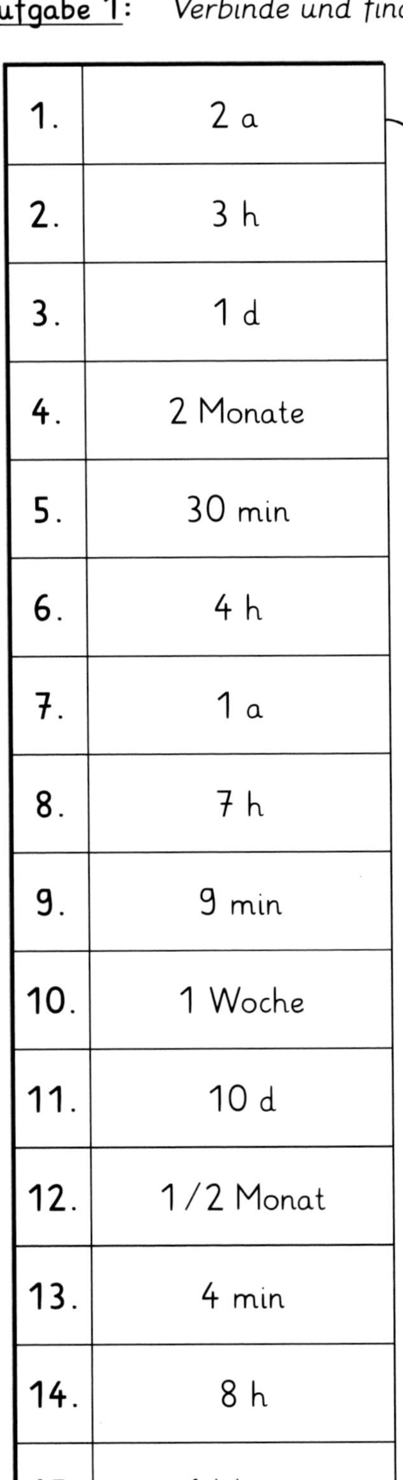

1.	2 a
2.	3 h
3.	1 d
4.	2 Monate
5.	30 min
6.	4 h
7.	1 a
8.	7 h
9.	9 min
10.	1 Woche
11.	10 d
12.	1/2 Monat
13.	4 min
14.	8 h
15.	1 Monat
16.	5 Wochen

a)	4 Wochen (E)
b)	240 h (E)
c)	12 Monate (N)
d)	540 s (S)
e)	24 h (H)
f)	35 d (N)
g)	240 min (N)
h)	7 d (R)
i)	24 Monate (I)
j)	2 Wochen (C)
k)	8 Wochen (K)
l)	1800 s (A)
m)	480 min (N)
n)	180 min (C)
o)	240 s (H)
p)	420 min (E)

Lösungssatz: __ __ __   __ __ __ __   __ __   __ __ __ __ __ __ __ .

1 2 3   4 5 6 7   8 9   10 11 12 13 14 15 16

KOHL VERLAG Maßeinheiten umrechnen – Bestell-Nr. 12 316

Zeit – in nächstgrößere Einheit

Aufgabe 1: *Verbinde und finde den Lösungssatz.*

1.	42 d
2.	300 h
3.	24 Monate
4.	1080 s
5.	24 h
6.	3 Monate
7.	2400 min
8.	14 d
9.	48 Monate
10.	8 Wochen
11.	6 Monate
12.	180 s
13.	4800 min
14.	15 min
15.	2400 s
16.	360 min

a)	12,5 d (E)
b)	40 min (R)
c)	1 d (P)
d)	80 h (E)
e)	6 Wochen (K)
f)	2 Wochen (B)
g)	2 Monate (E)
h)	18 min (N)
i)	3 min (M)
j)	2 a (I)
k)	1/2 a (M)
l)	1/4 a (R)
m)	6 h (!)
n)	40 h (O)
o)	1/4 h (H)
p)	4 Jahre (L)

Lösungssatz: ___ ___ ___ ___ ___ ___ ___ ___ ___ ___ ___ ___ ___ ___ ___ ___.

1 2 3 4 5 6 7 8 9 10 11 12 13 14 15 16

Maßeinheiten umrechnen
Umrechnen von Einheiten wie Gewicht, Maß, Zeit ... – Bestell-Nr. 12 316

Zeit – in kleinere / größere Einheiten

Aufgabe 1: *Mit **kleineren Einheiten** von oben nach unten durch Linien verbinden.*

3 Monate	2 a	5 Wochen	4 d
104 Wochen	96 h	~13 Wochen	35 d
728 d	91 d	840 h	5760 min

Aufgabe 2: *Mit **größeren Einheiten** von oben nach unten durch Linien verbinden.*

360 s	273 d	52.560 h	2016 h
39 Wochen	6 min	84 d	2190 d
12 Wochen	0,1 h	~9 Monate	6 Jahre

KOHL VERLAG Maßeinheiten umrechnen

Zeit – Achte auf die Schreibweise!

Aufgabe 1: *Die folgenden Zeitangaben sind in Minuten gemacht. Rechne sie in Sekunden um.*

a) 2 min b) 6 min c) 10 min d) 27 min

e) 13 min f) 1000 min g) 11 min h) 600 min

Aufgabe 2: *Die folgenden Zeitangaben sind in Sekunden gemacht und sollen in Minuten umgewandelt werden.*

Beispiel:

70 s = 1 min und 10 s, weil 70 : 60 = 1 Rest 10 ist.

a) 120 s b) 100 s c) 360 s d) 59 s

e) 61 s f) 3600 s g) 1000 s h) 66 s

Aufgabe 3: *Die folgenden Zeitangaben sind in Minuten gemacht. Rechne sie in Stunden um.*

a) 420 min b) 100 min c) 1000 min d) 241 min

e) 5400 min f) 6000 min g) 119 min h) 654 min

KOHL VERLAG Maßeinheiten umrechnen
Umrechnen von Einheiten wie Gewicht, Maß, Zeit ... – Bestell-Nr. 12 316

Zeit – Textaufgaben

Aufgabe 1: In den Ferien war Leon von 11:13 bis 16:16 im Schwimmbad. Wie viele Minuten war er im Schwimmbad?

Aufgabe 2: Nik beginnt mit seinen Hausaufgaben um 16:25. 93 Minuten später ist er fertig. Um wie viel Uhr hat Nik seine Hausaufgaben erledigt?

Aufgabe 3: Im Freibad in Büdingen darf man für 9 € 2 Stunden und 30 Minuten bleiben. Um wie viel Uhr müssen Lisa und ihre Eltern das Schwimmbad wieder verlassen, wenn sie um 15:56 dort angekommen sind?

Aufgabe 4: Lara soll mindestens 2 Stunden für ihre Mathematikarbeit lernen. Sie hat aufgeschrieben, wie viel sie in der letzten Woche schon gelernt hat. Hat Lara schon genug gelernt?

Mo	Di	Mi	Do	Fr
12 min	20 min	0 min	35 min	40 min

KOHL VERLAG Lernen mit Erfolg
Maßeinheiten umrechnen – Bestell-Nr. 12 316

Zeit – vermischte Übungen

Tipp:
Zunächst in die kleinste Einheit umrechnen!

Aufgabe 1: *Berechne.*

a)	5 d + 22 h =	______ s	f)	32 min + 240 s =	______ h
b)	34 d + 16 h =	______ s	g)	354 h + 21.600 s =	______ d
c)	54 d + 34 h =	______ s	h)	1798 min + 120 s =	______ d
d)	529 h + 52 min =	______ s	i)	2873 min + 420 s =	______ d
e)	0,6 d + 0,1 min =	______ s	j)	5036 min + 240 s =	______ d

Aufgabe 2: *Rechne und notiere die Ergebnisse:*

a)	6 d + 5 h =	______ s	f)	173 min + 420 s =	______ d
b)	13 d + 19 min =	______ s	g)	279 min + 540 s =	______ h
c)	57 d + 40 h =	______ s	h)	1072 min + 480 s =	______ d
d)	204 d + 52 h =	______ s	i)	3230 min + 600 s =	______ d
e)	0,6 d + 0,5 h =	______ min	j)	6474 h + 360 min =	______ d

Aufgabe 3: *Löse die folgenden Aufgaben.*

a)	7 d + 11 min =	______ s	f)	135 h + 540 min =	______ d
b)	37 d + 11 h =	______ min	g)	387 h + 540 min =	______ d
c)	68 h + 11 min =	______ s	h)	1795 min + 300 s =	______ h
d)	564 d + 90 h =	______ s	i)	2870 h + 36.000 s =	______ d
e)	0,6 d + 0,3 min =	______ s	j)	6835 min + 300 s =	______ d

KOHL VERLAG Maßeinheiten umrechnen
Umrechnen von Einheiten wie Gewicht, Maß, Zeit ... – Bestell-Nr. 12 316

Geld – in nächstkleinere Einheit

Aufgabe 1: *Fülle die Tabellen aus. Rechne um in Cent (ct).*

2 €	6 €	4 €	7 €	10 €

3 €	8 €	5 €	9 €	11 €

2,50 €	6,50 €	4,70 €	7,40 €	10,50 €

8,50 €	3,50 €	5,60 €	9,20 €	11,20 €

6,35 €	5,75 €	3,25 €	8,48 €	10,31 €

Geld – in nächstgrößere Einheit

Aufgabe 1: *Fülle aus, rechne um in Euro (€).*

400 ct	700 ct	500 ct	900 ct	1000 ct

300 ct	200 ct	1200 ct	800 ct	600 ct

250 ct	850 ct	870 ct	740 ct	1650 ct

750 ct	450 ct	660 ct	1020 ct	1220 ct

335 ct	175 ct	825 ct	648 ct	731 ct

KOHL VERLAG
Maßeinheiten umrechnen
Umrechnen von Einheiten wie Gewicht, Maß, Zeit ... – Bestell-Nr. 12 316

Geld – Achte auf die Schreibweise!

Aufgabe 1: *Es gehören immer drei Dinge aus jeder Reihe zusammen. Verbinde diese.*

2 € 30 ct	5 € 80 ct	9 € 45 ct	0 € 90 ct	1 € 50 ct	3 € 0 ct

0,90 €	2,30 €	1,50 €	9,45 €	3,00 €	5,80 €

580 ct	90 ct	945 ct	150 ct	230 ct	300 ct

Aufgabe 2: *Es gehören immer drei Dinge aus jeder Reihe zusammen. Verbinde diese.*

350 ct	805 ct	444 ct	180 ct	63 ct	950 ct

1,80 €	9,50 €	3,50 €	0,63 €	8,05 €	4,44 €

8 € 05 ct	4 € 44 ct	1 € 80 ct	9 € 50 ct	0 € 63 ct	3 € 50 ct

Geld – Textaufgaben 1

Formuliere für die Aufgabentexte immer zuerst die Frage.

Aufgabe 1: *Lisa geht mit ihren Eltern und ihren 3 Geschwistern ins Schwimmbad. Der Eintritt kostet 2,50 € für Kinder und 4,50 € für Erwachsene.*

Frage: ____

Lösung:

Antwort: ____

____

Aufgabe 2: *Oma geht mit ihrer Enkelin in den Supermarkt, sie wollen Sachen für das Mittagessen kaufen. Sie haben 20,00 € dabei. Sie kaufen Salat für 1,60 €, Eier für 2,29 €, Öl für 0,99 € und Gewürze für 3,00 €.*

Frage: ____

Lösung:

Antwort: ____

____

KOHL VERLAG
Maßeinheiten umrechnen
Umrechnen von Einheiten wie Gewicht, Maß, Zeit ... – Bestell-Nr. 12 316

Geld – Addiere und subtrahiere!

Aufgabe 1: *Rechne, indem du addierst.*

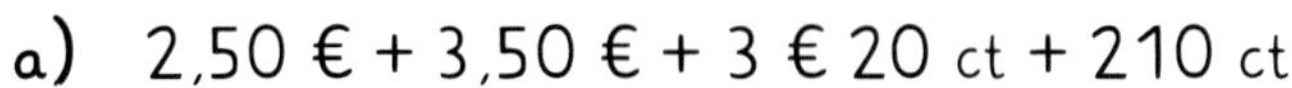

a) 2,50 € + 3,50 € + 3 € 20 ct + 210 ct

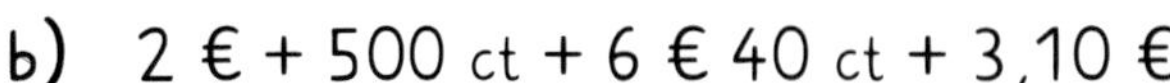

b) 2 € + 500 ct + 6 € 40 ct + 3,10 €

c) 1500 ct + 340 ct + 6,40 € + 7 € 20 ct

d) 7 € + 600 ct + 4,80 € + 1,20 € + 4 € 80 ct

e) 110 ct + 560 ct + 10 € 70 ct + 7,10 €

f) 12,40 € + 4 € 30 ct + 275 ct

g) 23,56 € + 1067 ct + 7 € 56 ct + 218 ct

h) 10.567 ct + 45,30 € + 78 € 35 ct

Aufgabe 2: *Rechne, indem du subtrahierst.*

a) 23,50 € - 2,10 € - 350 ct - 1 € 40 ct

b) 54 € - 7 € - 12,40 € - 345 ct

c) 105,10 € - 0,75 € - 345 ct - 34 € 50 ct

d) 56,40 € - 640 ct - 3,56 € - 7 € 34 ct

e) 3260 € - 5 € 70 ct - 363 ct - 9,14 €

f) 87 € - 0,78 € - 379 ct - 5,34 €

g) 94,12 € - 678 ct - 9 € 67 ct - 2477 ct

h) 6590 ct - 12 € 59 ct - 9,99 €

KOHL VERLAG Maßeinheiten umrechnen

Geld – Multipliziere und dividiere!

Aufgabe 1: *Rechne, indem du multiplizierst.*

a) 7 • 10 €

b) 4 • 6 €

c) 8 • 3 €

d) 13 • 6 €

e) 21 • 7 €

f) 15 • 11 €

g) 14 • 19 €

h) 21 • 16 €

i) 3,50 € • 3

j) 8,10 € • 7

k) 9 • 6,40 €

l) 4 • 9,10 €

m) 2,7 • 3,10 €

n) 5,2 • 4,60 €

o) 3,8 • 9,30 €

p) 10,8 • 5,90 €

Aufgabe 2: *Rechne, indem du dividierst.*

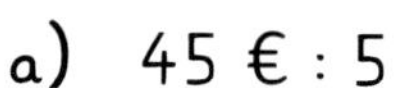

a) 45 € : 5

b) 36 € : 6

c) 62 € : 2

d) 39 € : 3

e) 50 € : 10

f) 108 € : 9

g) 144 € : 12

h) 96 € : 4

i) 250 € : 50

j) 750 € : 25

k) 169 € : 13

l) 567 € : 9

m) 20,64 € : 3

n) 12,88 € : 4

o) 54,81 € : 9

p) 45,85 € : 5

KOHL VERLAG Maßeinheiten umrechnen
Umrechnen von Einheiten wie Gewicht, Maß, Zeit ... – Bestell-Nr. 12 316

Geld – vermischte Übungen

Aufgabe 1: *Berechne.*

a)	6 € + 58 ct = ________ ct	f)	20 ct + 8 ct = ________ €
b)	33 € + 32 ct = ________ ct	g)	12 ct + 28 ct = ________ €
c)	92 € + 23 ct = ________ ct	h)	93 ct + 72 ct = ________ €
d)	395 € + 73 ct = ________ ct	i)	21 ct + 407 ct = ________ €
e)	0,28 € + 54 ct = ________ ct	j)	8 ct + 62 ct = ________ €

Aufgabe 2: *Löse die folgenden Aufgaben.*

a)	4 € + 8 ct = ________ ct	f)	61 ct + 8 ct = ________ €
b)	48 € + 60 ct = ________ ct	g)	3 ct + 33 ct = ________ €
c)	82 € + 37 ct = ________ ct	h)	77 ct + 92 ct = ________ €
d)	158 € + 42 ct = ________ ct	i)	84 ct + 594 ct = ________ €
e)	0,11 € + 30 ct = ________ ct	j)	14 ct + 40 ct = ________ €

Aufgabe 3: *Rechne und notiere das Ergebnis.*

a)	5 € + 39 ct = ________ ct	f)	47 ct + 2 ct = ________ €
b)	36 € + 14 ct = ________ ct	g)	68 ct + 46 ct = ________ €
c)	81 € + 47 ct = ________ ct	h)	54 ct + 91 ct = ________ €
d)	625 € + 93 ct = ________ ct	i)	58 ct + 323 ct = ________ €
e)	0,27 € + 77 ct = ________ ct	j)	12 ct + 16 ct = ________ €

Geld – Textaufgaben 2

Löse die Aufgaben in deinem Heft.

Aufgabe 1: 17,5 kg einer Ware kosten 61,25 €. *Was kostet 1 kg der Ware?*

Aufgabe 2: Ein Arbeiter und seine Frau arbeiten gemeinsam in einer Fabrik. Der Mann arbeitet zu einem Tageslohn von 84 € wöchentlich 6 volle Tage, die Frau arbeitet nur 4 Tage. Am Ende der Woche erhalten sie zusammen 748 €.

Wie viel verdient die Frau täglich?

Aufgabe 3: 0,5 kg Spargel kostet an einem Tag 3,20 €, an einem anderen Tag 4,40 €.

Wie viel kostet am zweiten Tag das Spargelessen mehr, wenn jedes Mal 1,5 kg gekauft werden?

Aufgabe 4: Eine Kiste Obst wog brutto (Inhalt mit Verpackung) 30 kg; die Tara (die Verpackung) wog 2500 g. Von dem Obst waren 3,5 kg verdorben.

Wie teuer musste 1 kg verkauft werden, wenn die Ware im Einkauf 18,80 € kostete und der Kaufmann beim Verkauf noch 10 € verdienen wollte?

Aufgabe 5: Ein Stoffrest von 7,75 m kostet 93 €.

Was kostet 1 m?

Aufgabe 6: *Wie viele Hemden kann man aus 45 m Wäschestoff herstellen, wenn man für ein Hemd 2,5 m benötigt? Wie viel kosten 6 Hemden, wenn ein Meter Wäschestoff 4 € kostet?*

Aufgabe 7: Ein Zeitschriftenvertrieb bezahlt seinen Austrägern 2070,60 € in der Woche, und zwar jedem 2,90 € pro Stunde.

Wie viele Austräger sind es, wenn jeder in der Woche 21 h arbeitet?

Lösungen

Seite 5 - 7 **Aufgabe 1**: verschiedene Gestaltungsmöglichkeiten

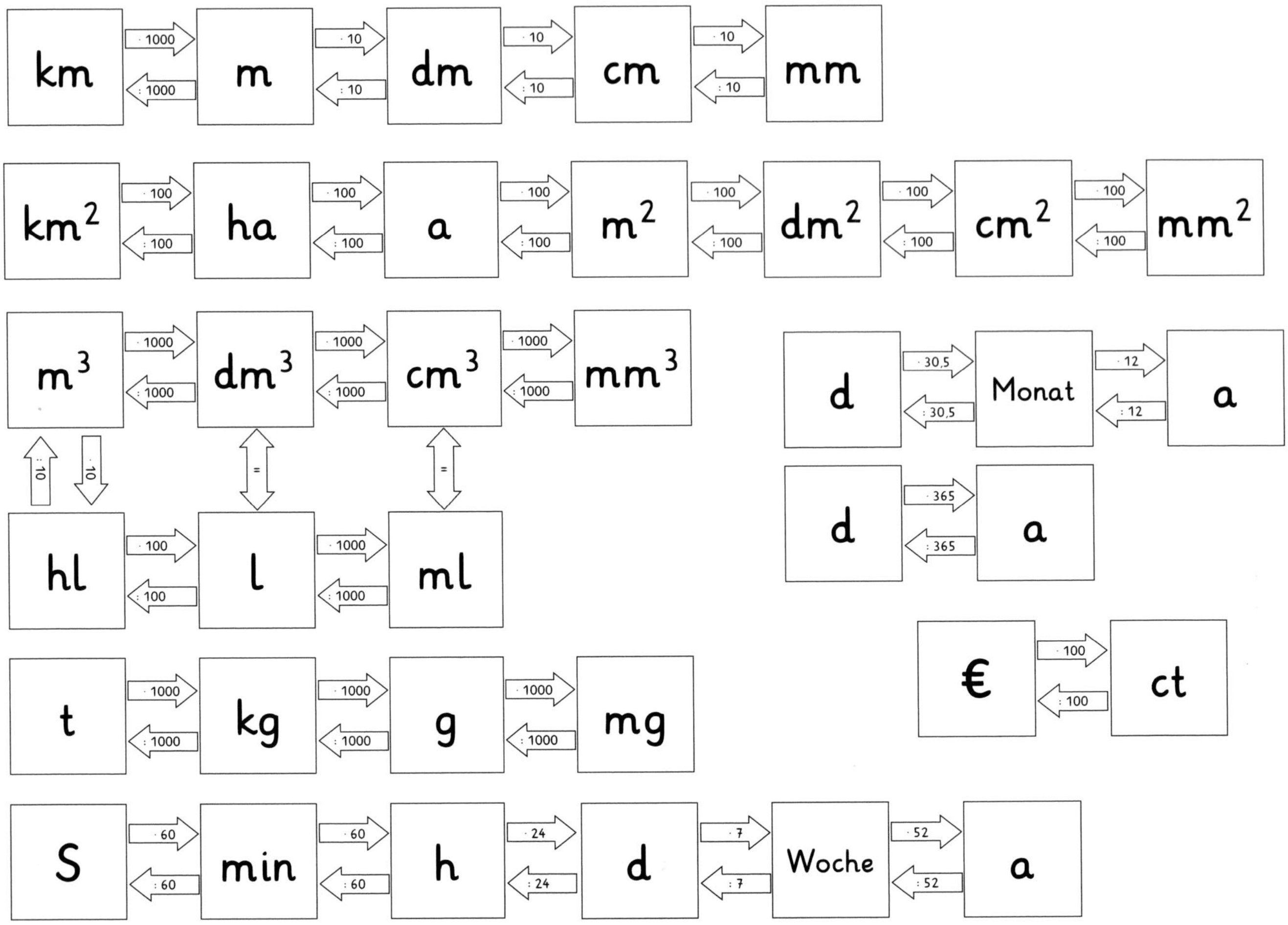

km (· 1000 / : 1000) m (· 10 / : 10) dm (· 10 / : 10) cm (· 10 / : 10) mm

km^2 (· 100 / : 100) ha (· 100 / : 100) a (· 100 / : 100) m^2 (· 100 / : 100) dm^2 (· 100 / : 100) cm^2 (· 100 / : 100) mm^2

m^3 (· 1000 / : 1000) dm^3 (· 1000 / : 1000) cm^3 (· 1000 / : 1000) mm^3

m^3 (: 10 / · 10) hl; dm^3 = l; cm^3 = ml

hl (· 100 / : 100) l (· 1000 / : 1000) ml

d (· 30,5 / : 30,5) Monat (· 12 / : 12) a

d (· 365 / : 365) a

€ (· 100 / : 100) ct

t (· 1000 / : 1000) kg (· 1000 / : 1000) g (· 1000 / : 1000) mg

S (· 60 / : 60) min (· 60 / : 60) h (· 24 / : 24) d (· 7 / : 7) Woche (· 52 / : 52) a

Seite 8

Aufgabe 1:
a) 20 mm, 81 mm, 100 mm
b) 160 mm, 400 mm, 5 mm

Aufgabe 2:
253 cm, 436 cm, 508 cm, 580 cm, 1470 cm

Aufgabe 3:
4 km = 4000 m, 12 m = 1200 cm,
2 cm = 20 mm, 2,5 km = 2500 m,
2,5 m = 250 cm, 12 km = 12.000 m,
4 m = 400 cm

Aufgabe 4:
a) 2500 m, 6400 m, 500 m, 1800 m
b) 3200 m, 7500 m, 800 m, 1200 m

Aufgabe 5:
a) 2 km 675 m; 3 km 148 m; 4 km 25 m
b) 4 m 37 cm; 8 m 54 cm; 12 m 3 cm
c) 3 cm 6 mm; 7 cm 3 mm; 0 cm 5 mm

Seite 9

Aufgabe 1:
2,48 m; 5,06 m; 1,85 m;
0,70 m; 1,40 m; 1,04 m

Aufgabe 2:
5,643 km; 3,404 km; 0,847 km;
7,790 km; 2,700 km; 0,633 km

Aufgabe 3:
4,5 cm; 2,4 cm; 8,5 cm;
0,5 cm; 6,2 cm; 8,7 cm

Aufgabe 4:
4,5 dm; 8,3 dm; 3,3 dm;
7,4 dm; 0,9 dm; 2,1 dm

Aufgabe 5:
9 km; 7,20 m; 4,70 m;
9,6 cm; 6,5 m; 7,451 km

Lösungen

Seite 10

Aufgabe 1: a) > ; = b) < ; = c) < ; < d) = ; >

Aufgabe 2:
a) 246 cm, 264 cm, 267 cm
b) 358 cm, 380 cm, 385 cm
c) 437 cm, 473 cm, 475 cm
d) 126 cm, 167 cm, 182 cm
e) 267 mm, 276 mm, 300 mm
f) 100 mm, 513 mm, 531 mm

Aufgabe 3:
a) 3955 mm, b) 7500.877 cm c) 8212 mm, d) 2943 mm
e) 6568 m, f) 8169 cm g) 47 cm, h) 32 mm

Aufgabe 4: a) 29,37 m, b) 24,95 m

Seite 11

Aufgabe 1:
1 m 40 cm; 3 m 21 cm; 1 m 85 cm;
2 m 76 cm; 1 m 7 cm; 2 m 82 cm

Aufgabe 2: 0,05 m; 0,12 m; 0,40 m; 0,55 m; 1,21 m; 4 m

Aufgabe 3:
a) 18,82 m b) 7,612 km c) 63,1 cm d) 9,4 cm e) 12,2 dm
f) 4,5 dm g) 1,77 m h) 5,199 km i) 1,588 km j) 1,8 dm

Seite 12

Aufgabe 1:
a) 2,345 km = 2 km 345 m = 2345 m; 3,612 km = 3 km 612 m = 3612 m;
4,498 km = 4 km 498 m = 4498 m
b) 7,363 km = 7 km 363 m = 7363 m; 63,36 km = 63 km 360 m = 63.360 m;
9,300 km = 9 km 300 m = 9300 m

Aufgabe 2:
a) 3,75 m = 3 m 75 cm = 375 cm; 6,32 m = 6 m 32 cm = 632 cm;
8,49 m = 8 m 49 cm = 849 cm
b) 7,80 m = 7 m 80 cm = 780 cm; 2,04 m = 2 m 4 cm = 204 cm;
32,84 m = 32 m 84 cm = 3284 cm

Aufgabe 3:
a) 5,7 dm = 5 dm 7 cm = 57 cm; 3,5 dm = 3 dm 5 cm = 35 cm;
8,6 dm = 8 dm 6 cm = 86 cm
b) 4,70 dm = 4 dm 7 cm = 47 cm 0,3 dm = 0 dm 3 cm = 3 cm
19,4 dm = 19 dm 4 cm = 194 cm

Aufgabe 4:
a) 465 cm = 4 m 65 cm = 4,65 m 246 cm = 2 m 46 cm = 2,46 m
826 cm = 8 m 26 cm = 8,26 m
b) 370 cm = 3 m 70 cm = 3,70 m 664 cm = 6 m 64 cm = 6,64 m
285 cm = 2 m 85 cm = 2,85 m

Aufgabe 5:
a) 0,5 m oder 50 cm
b) 0,25 m oder 25 cm

Seite 13

Aufgabe 1:
a) Team 1: 5,61 m
Team 2: 6,15 m
Team 3: 6,45 m (GEWINNER)
Team 4: 6,44 m

Aufgabe 2:
Andi: 27,00 m
Luisa: 22,00 m
Ira: 17,20 m
Pia: 14,70 m
Alex: 11,00 m
Anika: 10,00 m
Anja: 8,80 m
Max: 7,00 m
Klara: 4,50 m

Seite 14

Aufgabe 1:
a) 8,74 dm = 874 mm
b) 8,009 km = 80.009 m 8009 m
c) 9,5 cm = 95 dm 0,95 dm
d) 85 cm = 0,85 m
e) 500 m = 0,05 km 0,5 km
f) 8 km 420 m = 8,42 km
g) 13 km 6 m = 13,006 km
h) 68 mm = 6,8 dm 0,68 dm
i) 5 cm = 0,05 dm 0,5 dm
j) 0,3 km = 0 km 300 m
k) 8 m 5 dm = 850 cm
l) 8,7 dm = 8 dm 70 cm 8 dm 7 cm
m) 15 dm 6 mm = 150,6 cm
n) 0,08 dm = 80 mm 8 mm
o) 873 mm = 87,3 dm 87,3 cm
p) 809 cm = 8,09 m
q) 3,6 cm = 3 cm 6 mm
r) 7 dm 2 cm = 7,2 m 0,72 m
s) 8,83 m = 88 dm 3 cm
t) 5 cm = 50 dm 0,5 dm

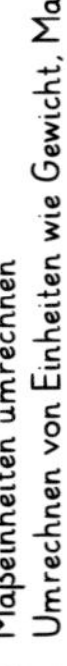

Lösungen

Seite 15

Aufgabe 1:
a) 945 m^2 b) 519 a c) 874 ha d) 4598 mm^2 e) 738 dm^2
f) 309 cm^2 g) 1293 a h) 806 ha i) 732 a

Aufgabe 2:
82 m^2 1 dm^2 = 8201 dm^2
9 m^2 10 dm^2 = 910 dm^2
5 dm^2 8 cm^2 = 508 cm^2
2 dm^2 34 cm^2 / 234 cm^2
3 m^2 15 cm^2 = 30.015 cm^2
7 cm^2 25 mm^2 = 725 mm^2
3 km^2 2 ha / 302 ha
3 ha 72 a / 372 a
16 km^2 4 a = 160.004 a
56 a 78 m^2 / 5678 m^2

Seite 16

Aufgabe 1:
a) 534 mm^2 = 5 cm^2 34 mm^2 = 5,34 cm^2; 736 mm^2 = 7 cm^2 36 mm^2 = 7,36 cm^2;
464 mm^2 = 4 cm^2 64 mm^2 = 4,64 cm^2
b) 324 mm^2 = 3 cm^2 24 mm^2 = 3,24 cm^2; 853 mm^2 = 8cm^2 53 cm^2 = 8,53 cm^2;
306 mm^2 = 3 cm^2 6 mm^2 = 3,06 cm^2

Aufgabe 2:
a) 736 cm^2 = 7 dm^2 36 cm^2 = 7,36 dm^2; 462 cm^2 = 4 dm^2 62 cm^2 = 4,62 dm^2;
987 cm^2 = 9 dm^2 87 cm^2 = 9,87 dm^2
b) 905 cm^2 = 9 dm^2 5 cm^2 = 9,05 dm^2; 820 cm^2 = 8 dm^2 20 cm^2 = 8,20 dm^2;
384 cm^2 = 3 dm^2 84 cm^2 = 3,84 dm^2

Aufgabe 3:
a) 876 dm^2 = 8 m^2 76 dm^2 = 8,76 m^2; 468 dm^2 = 4m^2 68 dm^2 = 4,68 m^2;
928 dm^2 = 9 m^2 28 dm^2 = 9,28 m^2
b) 245 dm^2 = 2 m^2 45 dm^2 = 2,45 m^2; 370 dm^2 = 3 m^2 70 dm^2 = 3,70 m^2;
246 dm^2 = 2 m^2 46 dm^2 = 2,46 m^2

Aufgabe 4:
a) 865 m^2 = 8 a 65 m^2 = 8,65 a; 488 m^2 = 4 a 88 m^2 = 4,88 a;
904 m^2 = 9 a 4 m^2 = 9,04 a
b) 250 m^2 = 2 a 50 m^2 = 2,50 a; 535 m^2 = 5 a 35 m^2 = 5,35 a;
921 m^2 = 9 a 21 m^2 = 9,21 a

Aufgabe 5:
a) 367 a = 3 ha 67 a = 3,67 ha; 583 a = 5 ha 83 a = 5,83 ha;
344 a = 3 ha 44 a = 3,44 ha
b) 580 a = 5 ha 80 a = 5,80 ha; 546 a = 5 ha 46 a = 5,46 ha;
929 a = 9 ha 29 a = 9,29 ha

Aufgabe 6:
a) 345 ha = 3 km^2 45 ha = 3,45 km^2; 744 ha = 7 km^2 44 ha = 7,44 km^2;
952 ha = 9 km^2 52 ha = 9,52 km^2
b) 225 ha = 2 km^2 25 ha = 2,25 km^2; 708 ha = 7 km^2 8 ha = 7,08 km^2;
120 ha = 1km^2 20 ha = 1,2 km^2

Seite 17

Aufgabe 1:
a) > ; < b) = ; > c) > ; = d) = ; =

Aufgabe 2:
a) 0,36 a = 36 m^2; 45,6 m^2; 8,23 a = 823 m^2
b) 4,9 ha = 490 a; 736 a; 8,53 ha = 853 a
c) 379 mm^2; 7,26 cm^2 = 726 mm^2; 84,9 cm^2 = 8490 mm^2

Aufgabe 3:
a) 671 ha b) 872 ha c) 910 a d) 962 a
e) 409 dm^2 f) 420 dm^2 g) 879 cm^2 h) 323 cm^2

Aufgabe 4:
a) 854 dm^2 b) 1281,46 a

Seite 18

Aufgabe 1: a) 4 dm^2; 8 dm^2; 2,3 dm^2 b) 5,6 dm^2; 5,93 dm^2; 4,74 dm^2

Aufgabe 2: a) 7d m^2; 2 dm^2; 6 dm^2 b) 9,8 dm^2; 6,7 dm^2; 8,53 dm^3

Aufgabe 3: a) 3 a; 6 a; 1 a b) 6,7 a; 4,5 a; 2,45 a

Aufgabe 4: a) 4 a; 3,4 a; 5 a b) 9,6 a; 3,5 a; 6,78 a

Aufgabe 5: a) 2 km^2; 7 km^2; 6,7 km^2 b) 3,45 km^2; 7,8 km^2; 3,85 km^2

Aufgabe 6: a) 3 km^2; 3,5 km^2 b) 3,45 km^2; 9,4 km^2 c) 2,3 km^2; 9,37 km^2

Seite 19

Aufgabe 1:
a) 17.200 m^2 = 172 a = 1,72 ha; 53.600 m^2 = 536 a = 5,36 ha; 34.100 m^2 = 341 a = 3,41 ha
b) 75.300 m^2 = 753 a = 7,53 ha; 75.630 m^2 = 756,3 a = 7,563 ha; 80.000 m^2 = 800 a = 8 ha

Aufgabe 2:
a) 60.000 cm^2 = 600 dm^2 = 6 m^2; 56.000 cm^2 = 560 dm^2 = 5,6 m^2; 24.600 cm^2 = 246 dm^2 = 2,46 m^2
b) 64.200 cm^2 = 642 dm^2 = 6,42 m^2; 98.420 cm^2 = 984,2 dm^2 = 9,842 m^2; 6700 cm^2 = 67 dm^2 = 0,67 m^2

Aufgabe 3:
a) 85.000 mm^2 = 850 cm^2 = 8,5 dm^2; 35.600 mm^2 = 356 cm^2 = 3,56 dm^2; 27.000 mm^2 = 270 cm^2 = 2,7 dm^2
b) 56.200 mm^2 = 562 cm^2 = 5,62 dm^2; 7340 mm^2 = 73,4 cm^2 = 0,734 dm^2; 67.230 mm^2 = 672,3 cm^2 = 6,723 dm^2

Aufgabe 4:
a) 38.300 a = 383 ha = 3,83 km^2; 59.000 a = 590 ha = 5,9 km^2; 48.900 a = 489 ha = 4,89 km^2
b) 35.040 a = 350,4 ha = 3,504 km^2; 8740 a = 87,4 ha = 0,874 km^2; 77.400 a = 774 ha = 7,74 km^2

Aufgabe 5:
a) 600.000.000.000.000 mm^2 = 6000.000.000.000 cm^2 = 60.000.000.000 dm^2 = 600.000.000 m^2 = 6000.000 a = 60.000 ha = 600 km^2
b) 3 km^2 = 300 ha = 30.000 a = 3000.000 m^2 = 300.000.000 dm^2 = 30.000.000.000 cm^2 = 3000.000.000.000 mm^2

Lösungen

Seite 20

Aufgabe 1: 7400 m^2 + 6350 m^2 + 9350 m^2 = 23.100 m^2 = 231 a = 2,31 ha
Die Fläche des Blumencenters ist kleiner als 3 ha.

Aufgabe 2: 25,6 m^2 + 25,6 m^2 + 59 m^2 - 3 m^2 - 28 m^2 = 79,2 m^2
Es müssen 79,2 m^2 neu gestrichen werden.

Aufgabe 3: 46,20 ha - 20 ha - 18,08 ha = 8,12 ha
Die Wiesenfläche ist 8,12 ha groß.

Aufgabe 4: 15,2 m^2 + 30,4 m^2 + 16,5 m^2 + 19,3 m^2 + 17,2 m^2 + 12,9 m^2 + 10,1 m^2 = 121,6 m^2
Die Wohnung wäre etwas für Familie Albert.

Seite 21

Aufgabe 1: 6 km^2 = 600 ha = 60.000 a = 6000.000 m^2; 270 cm^2 = 2,7 dm^2 = 0,027 m^2;
1,5 a = 150 m^2 = 15.000 dm^2; 0,35 km^2 = 35 ha

Aufgabe 2: 0,032 dm^2 = 0,000 32 m^2 = 0,000 0032 a; 129 ha = 1,29 km^2;
62,5 dm^2 = 6250 cm^2 = 625.000 mm^2; 125 mm^2 = 1,25 cm^2

Aufgabe 3: 1084 m^2 = 10,84 a = 0,1084 ha = 0,001 084 km^2; 0,0043 ha = 0,43 a = 43m^2;
0,4m^2 = 40 dm^2 = 4000 cm^2 = 400.000 mm^2; 23,901 dm^2 = 0,239 01 m^2 = 0,002 3901 a = 0,000 023
901 ha

Seite 22

Aufgabe 1: a) 6000 dm^3; 634 dm^3; 268 dm^3 b) 3500 dm^3; 4050 dm^3; 8209 dm^3

Aufgabe 2: a) 8000 cm^3; 9456 cm^3; 4709 cm^3 b) 5400 cm^3; 7930 cm^3; 5702 cm^3

Aufgabe 3: a) 4000 mm^3; 785 mm^3; 5925 mm^3 b) 7400 mm^3; 9230 mm^3; 8604 mm^3

Aufgabe 4: a) 5 l; 9 l; 3,5 l b) 7 dm^3; 3 dm^3; 7,9 dm^3

Aufgabe 5: a) 0,05 hl; 0,09 hl; 0,054 hl b) 0,045 hl; 0,058 hl; 0,003 45 hl

Aufgabe 6: a) 5 l = 5000 ml; 4l = 4000 ml

Seite 23

Aufgabe 1: a) 4 dm^3; b) 3,7 cm^3; c) 7,8 l; d) 5,6 m^3; e) 2,345 dm^3; f) 8,640 cm^3; g) 7,3 l;
h) 0,235 m^3; i) 7,301 cm^3; j) 6,348 cm^3; k) 0,246 dm^3; l) 9,030 m^3; m) 0,036 cm^3;
n) 9 m^3; o) 24,78 hl; p) 9,045 dm^3; q) 75,380 cm^3; r) 10,7 m^3; s) 8,940 dm^3;
t) 4,9 m^3; u) 2,893 cm^3; v) 3,5 hl; w) 3,034 m^3

Seite 24

Aufgabe 1:

m	dm	cm	mm
6	6000	6000.000	6000.000.000
2200	2200.000	2200.000.000	2200.000.000.000
2000	2000.000	2000.000.000	2000.000.000.000
865	865.000	865.000.000	865.000.000.000
3	3000	3000.000	3000.000.000
10	10.000	10.000.000	10.000.000.000
8	8000	8000.000	8000.000.000

dm	cm	mm
6000	6000.000	6000.000.000
2500	2500.000	2500.000.000
35	35.000	35.000.000
5	5000	5000.000
87	87.000	87.000.000
6	6000	6000.000
469	469.000	469.000.000

cm	mm
6510	6510.000
489	489.000
86	86.000
2	2000
10	10.000
985	985.000
4500	4500.000

Seite 25

Aufgabe 1:

m	dm	cm	mm
3	3000	3000.000	3.000.000.000
10	10.000	10.000.000	10.000.000.000
258	258.000	258.000.000	258.000.000.000
0,560	560	560.000	560.000.000
6	6000	6000.000	6.000.000.000
36	36.000	36.000.000	36.000.000.000
5,642 000 222	5642,000 222	5642.000,222	5.642.000.222

m	dm	cm	mm
7	7000	7000.000	7.000.000.000
35,2	35.200	35.200.000	35.200.000.000
672	672.000	672.000.000	672.000.000.000
0,034	34	34.000	34.000.000
4	4000	4000.000	4.000.000.000
84	84.000	84.000.000	84.000.000.000
4,743 000 57	4743,000 57	4743.000,57	4.743.000.570

Lösungen

Seite 25 **Aufgabe 1:**

m	dm	cm	mm
8	8000	8000.000	8.000.000.000
96	96.000	96.000.000	96.000.000.000
375	375.000	375.000.000	375.000.000.000
0,941	941	941.000	941.000.000
6	6000	6000.000	6.000.000.000
30	30.000	30.000.000	30.000.000.000
7,108 085 951	7.108,085 951	7.108.085,951	7.108.085.951

Seite 26 **Aufgabe 1:**

5 m^3	354 dm^3	6 l	255 ml
3 l	612 ml	23 cm^3	73 mm^3
51 l	478 ml	3 m^3	465 dm^3
8 l	205 ml	9 l	53 ml
13 cm^3	280 mm^3	67 l	213 ml
1 m^3	744 dm^3	2 l	861 ml
6 l	212 ml	61 cm^3	235 mm^3
38 l	378 ml		

Seite 27 **Aufgabe 1:**

180 ml + 145 ml + 53 ml = 378 ml
378 ml : 3 = 126 ml
Entnahme 1. Glas:
180 ml – 126 ml = 54 ml
Entnahme 2. Glas:
145 ml – 126 ml = 19 ml
145 ml – 126 ml = 19 ml

Aufgabe 2:

3750.000 l : 2500 l = 1500
1500 • 30 min = 45.000 min
45.000 min : 60 = 750 h
750 h : 24 = 31 1/4 d = 31 d 6 h
Das Wasser muss 31 Tage und 6 Stunden laufen.

Seite 28 **Aufgabe 1:**

a) 5851.000 cm^3; b) 23.217.000 cm^3; c) 74.021.000 cm^3; d) 817.076.000 cm^3; e) 320.068 cm^3;
f) 0,874 001 m^3; g) 0,863 026 m^3; h) 0,226 063 m^3; i) 0,126 948 m^3; j) 0,032 0001 m^3

Aufgabe 2:

a) 5598.000 ml; b) 25.836.000 mm^3; c) 110.000 mm^3; d) 155.042.000 ml; e) 82.000.365 ml;
f) 130,000 006 m^3; g) 0,000 773 045 m^3; h) 0,510 064 m^3; i) 85,829 ml; j) 0,000 882 0004 m^3

Aufgabe 3:

a) 3000.168 cm^3; b) 17.124.000 cm^3; c) 112.000 mm^3; d) 35.900 dm^3; e) 810.988 cm^3;
f) 0,022 000 004 m^3; g) 0,000 472 020 m^3; h) 0,086 066 m^3; i) 0,000 256 259 m^3; j) 0,494 0002 m^3

Seite 29 **Aufgabe 1:**

t	kg	g	mg
6	6000	4	4000
3	3000	9	9000
50	50.000	43	43.000
32	32.000	85	85.000
973	973.000	4,9	4900
80,5	80.500	74	74.000
7	7000	634	634.000
7,5	7500	0,6	600

t	kg	g	mg
4	4000	4,4	4400
9	9000	2	2000
37	37.000	63	63.000
78	78.000	26	26.000
367	367.000	9,5	9500
36,5	36.500	7,4	7400
7	7000	573	573.000
7,9	7900	4,76	4760

kg	g
4	4000
9	9000
43	43.000
85	85.000
4,9	4900
74	74.000
634	634.000
0,6	600

Seite 30 **Aufgabe 1:**

t	kg	g	mg
5	5000	7	7000
1	1000	3	3000
2,5	2500	12	12.000
85	85.000	65	65.000
345	345.000	7,7	7700
6,45	6450	6,3	6300
6	6000	923	923.000
9,2	9200	56	56.000

kg	g
2	2000
9	9000
4,3	4300
65	65.000
49	49.000
2,3	2300
37,1	37.100
2,6	2600

g	mg
2,5	2500
3	3000
45	45.000
35,4	35.400
5,478	5478
2,35	2350
3,2	3200
0,245	245

Seite 31 **Aufgabe 1:**

5 t = 5000 kg
5000 g = 5 kg
500 t = 500.000.000 g
5000 mg = 5 g
50 kg = 50.000.000 mg
5000 t = 5000.000.000.000 mg

Seite 32 **Aufgabe 1:**

7 t = 7000 kg
7000 g = 7 kg
700 t = 700.000.000 g
7000 mg = 7 g
70 kg = 70.000.000 mg
7000 t = 7000.000.000.000 mg

Lösungen

Seite 33

Aufgabe 1:

2 kg 500 g	2500 g	2,5 kg
5 kg 600 g	5600 g	5,6 kg
8 kg 753 g	8753 g	8,753 kg
10 g 200 mg	10.200 mg	10,2 g
9 t 340 kg	9340 kg	9,34 t
3 g 642 mg	3642 mg	3,642 g
7 t 850 kg	7850 kg	7,85 t
62 t 4 kg	62.004 kg	62,004 t
9 g 750 mg	9750 mg	9,75 g

Aufgabe 2: Die drei Kästchen sind:

12 t 600 kg
12.600.000 g
12.600 kg

Seite 34

Aufgabe 1: 3 • 80 kg = 240 kg; 650 kg – 240 kg = 410 kg; 410 kg : 80 kg = 5 Rest 10
Es können noch 5 Personen zusteigen.

Aufgabe 2: 25 t - 3,4 t - 1,8 t = 19,8 t
Ja, es dürfen alle Tiere zusammen transportiert werden.

Aufgabe 3: 7,5 t + 5 t = 12,5 t; 12,5 t - 9 t = 3,5 t; 3500 kg : 50 kg = 70
Es müssen 70 Säcke wieder abgeladen werden.

Seite 35

Aufgabe 1: a) 2492.000 g; b) 33.710.000.000 mg; c) 72.039.000.000 mg; d) 553.050.000 g; e) 95.870 g;
f) 0,745 009 t; g) 0,668 000 040 t; h) 0,559 084 kg; i) 0,968 000 143 t; j) 0,502 453 kg

Aufgabe 2: a) 8000.252.000 mg; b) 42.933.000 g; c) 51.030.000 g; d) 227.060.000 mg; e) 17.220 mg;
f) 0,457 009 t; g) 0,932 000 012 t; h) 0,000 572 097 t; i) 0,101 539 kg; j) 0,410 000 929 t

Aufgabe 3: a) 7961.000 g; b) 48.000.508.000 mg; c) 74.020.000 mg; d) 855.000.041.000 mg;
e) 47.000.200 mg; f) 0,920 000 006 t; g) 0,727 012 kg; h) 0,928 056 kg; i) 0,185 806 t;
j) 0,000 553 036 t

Seite 36

Aufgabe 1: 1I; 2C; 3H; 4K; 5A; 6N; 7N; 8E; 9S; 10R; 11E; 12C; 13H; 14N; 15E; 16N
Der Lösungssatz lautet: ICH KANN ES RECHNEN.

Seite 37

Aufgabe 1: 1K; 2E; 3I; 4N; 5P; 6R; 7O; 8B; 9L; 10E; 11M; 12M; 13E; 14H; 15R; 16!
Der Lösungssatz lautet: KEIN PROBLEM MEHR!

Seite 38

Aufgabe 1:

3 Monate	~13 Wochen	91 d
2 a	104 Wochen	728 d
5 Wochen	35 d	840 h
4 d	96 h	5760 min

Aufgabe 2:

360 s	6 min	0,1 h
273 d	39 Wochen	~9 Monate
52.560 h	2190 d	6 Jahre
2016 h	84 d	12 Wochen

Seite 39

Aufgabe 1: a) 120 s b) 360 s c) 600 s d) 1620 s e) 780 s f) 60.000 s g) 660 s h) 36.000 s

Aufgabe 2: a) 2 min b) 1 min 40 s c) 6 min d) 0 min 59 s e) 1 min 1 s f) 60 min = 1 h
g) 16 min 40 s h) 1 min 6 s

Aufgabe 3: a) 7 h b) 1h 40 min c) 16 h 40 min d) 4 h 1 min e) 90 h f) 100 h g) 1 h 59 min h) 10 h 54 min

Seite 40

Aufgabe 1: 11:13 Uhr bis 16:13 Uhr = 5 h; 16:13 Uhr bis 16:16 Uhr = 3 min → 5 h 3 min

Aufgabe 2: 16:25 Uhr + 60 min = 17:25 Uhr 17:25 Uhr + 33 min = 17:58 Uhr

Aufgabe 3: 15:56 Uhr → + 2 h → 17:56 Uhr 17:56 Uhr → + 4 min → 18 Uhr
18 Uhr → + 26 min → 18:26 Uhr

Aufgabe 4: 12 min + 20 min + 35 min + 40 min = 107 min = 1 h 47 min Es fehlen ihr noch 13 min.

KOHL VERLAG
Maßeinheiten umrechnen
Umrechnen von Einheiten wie Gewicht, Maß, Zeit ... – Bestell-Nr. 12 316

Lösungen

Seite 41

Aufgabe 1: a) 511.200 s; b) 2995.200 s; c) 4788.000 s; d) 1907.520 s;
e) 51.846 s; f) 0,6 h; g) 15 d; h) 1,25 d; i) 2 d; j) 3,5 d

Aufgabe 2: a) 536.400 s; b) 1124.340 s; c) 5068.800 s; d) 17.812.800 s;
e) 894 min; f) 0,125 d; g) 4,8 h; h) 0,75 d; i) 2,25 d; j) 270 d

Aufgabe 3: a) 605.460 s; b) 53.940 min; c) 245.460 s; d) 49.053.600 s;
e) 51.858 s; f) 6 d; g) 16,5 d; h) 30 h; i) 120 d; j) 4,75 d

Seite 42

Aufgabe 1:
200 ct; 600 ct; 400 ct; 700 ct; 1000 ct;
300 ct; 800 ct; 500 ct; 900 ct; 1100 ct;
250 ct; 650 ct; 470 ct; 740 ct; 1050 ct;
850 ct; 350 ct; 560 ct; 920 ct; 1120 ct;
635 ct; 575 ct; 325 ct; 848 ct; 1031 ct

Seite 43

Aufgabe 1:
4 €; 7 €; 5 €; 9€; 10 €;
3 €; 2 €; 12 €; 8 €; 6 €;
2,50 €; 8,50 €; 8,70 €; 7,40 €; 16,50 €;
7,50 €; 4,50 €; 6,60 €; 10,20 €; 12,20 €;
3,35 €; 1,75 €; 8,25 €; 6,48 €; 7,31 €

Seite 44

Aufgabe 1:
2 € 30 ct - 2,30 € - 230 ct
5 € 80 ct - 5,80 € - 580 ct
9 € 45 ct - 9,45 € - 945 ct
0 € 90 ct - 0,90 € - 90 ct
1 € 50 ct - 1,50 € - 150 ct
3 € 00 ct - 3,00 € - 300 ct

Aufgabe 2:
350 ct - 3,50 € - 3 € 50 ct
805 ct - 8,05 € - 8 € 05 ct
444 ct - 4,44 € - 4 € 44 ct
180 ct - 1,80 € - 1 € 80 ct
63 ct - 0,63 € - 0 € 63 ct
950 ct - 9,50 € - 9 € 50 ct

Seite 45

Aufgabe 1:
Frage: Was müssen sie bezahlen?
Lösung: 4 • 2,50 + 2 • 4,50 = 19
Antwort: Sie müssen 19 € bezahlen.

Aufgabe 2:
Frage: Was bekommen sie zurück?
Lösung: 1,60 + 2,29 + 0,99 + 3 = 7,88
Antwort: Sie bekommen 12,12 € als Wechselgeld.

Seite 46

Aufgabe 1: a) 11,30 €; b) 16,50 €; c) 32 €; d) 23,80 €;
e) 24,50 €; f) 19,45 €; g) 43,97 €; h) 229,32 €

Aufgabe 2: a) 16,50 €; b) 31,15 €; c) 66,40 €; d) 39,10 €;
e) 3241,53 €; f) 77,09 €; g) 52,90 €; h) 43,32 €

Seite 47

Aufgabe 1: a) 70 €; b) 24 €; c) 24 €; d) 78 €; e) 147 €; f) 165 €; g) 266 €; h) 336 €;
i) 10,50 €; j) 56,70 €; k) 57,60 €; l) 36,40 €; m) 8,37 €; n) 23,92 €; o) 35,34 €;
p) 63,72 €

Aufgabe 2: a) 9 €; b) 6 €; c) 31 €; d) 13 €; e) 5 €; f) 12 €; g) 12 €; h) 24 €;
i) 5 €; j) 30 €; k) 13 €; b) 63 €; l) 6,88 €; m) 3,22 €; n) 6,09 €; o) 9,17 €

Seite 48

Aufgabe 1: a) 658 ct; b) 3332 ct; c) 9223 ct; d) 39.573 ct; e) 82 ct;
f) 0,28 €; g) 0,40 €; h) 1,65 €; i) 4,28 €; j) 0,70 €

Aufgabe 2: a) 408 ct; b) 4860 ct; c) 8237 ct; d) 15.842 ct; e) 41 ct;
f) 0,69 €; g) 0,36 €; h) 1,69 €; i) 6,78 €; j) 0,54 €

Aufgabe 3: a) 539 ct; b) 3614 ct; c) 8147 ct; d) 62.593 ct; e) 104 ct;
f) 0,49 €; g) 1,14 €; h) 1,45 €; i) 3,81 €; j) 0,28 €

Seite 49

Aufgabe 1: Ein Kilogramm der Ware kostet 3,50 €.

Aufgabe 2: Die Frau verdient täglich 61 €.

Aufgabe 3: 3,60 € kostet das Spargelessen mehr.

Aufgabe 4: Es musste ein Kilogramm für 1,20 € verkauft werden.

Aufgabe 5: 1 m kostet 12 €.

Aufgabe 6: Man kann 18 Hemden daraus herstellen. 6 Hemden kosten 60 €.

Aufgabe 7: Es sind 34 Austräger.